My road trip in New Zealand

Dates:

_____

Useful Info

Local Emergency Number: 111

Emergency Contact Name Phone number	
Insurance Company Policy number Phone number	
Embassy phone number	
Bank emergency number	
Rental car agency number	

Exchange Rate Equivalence values	

Arrival Flight	
Departure Flight	

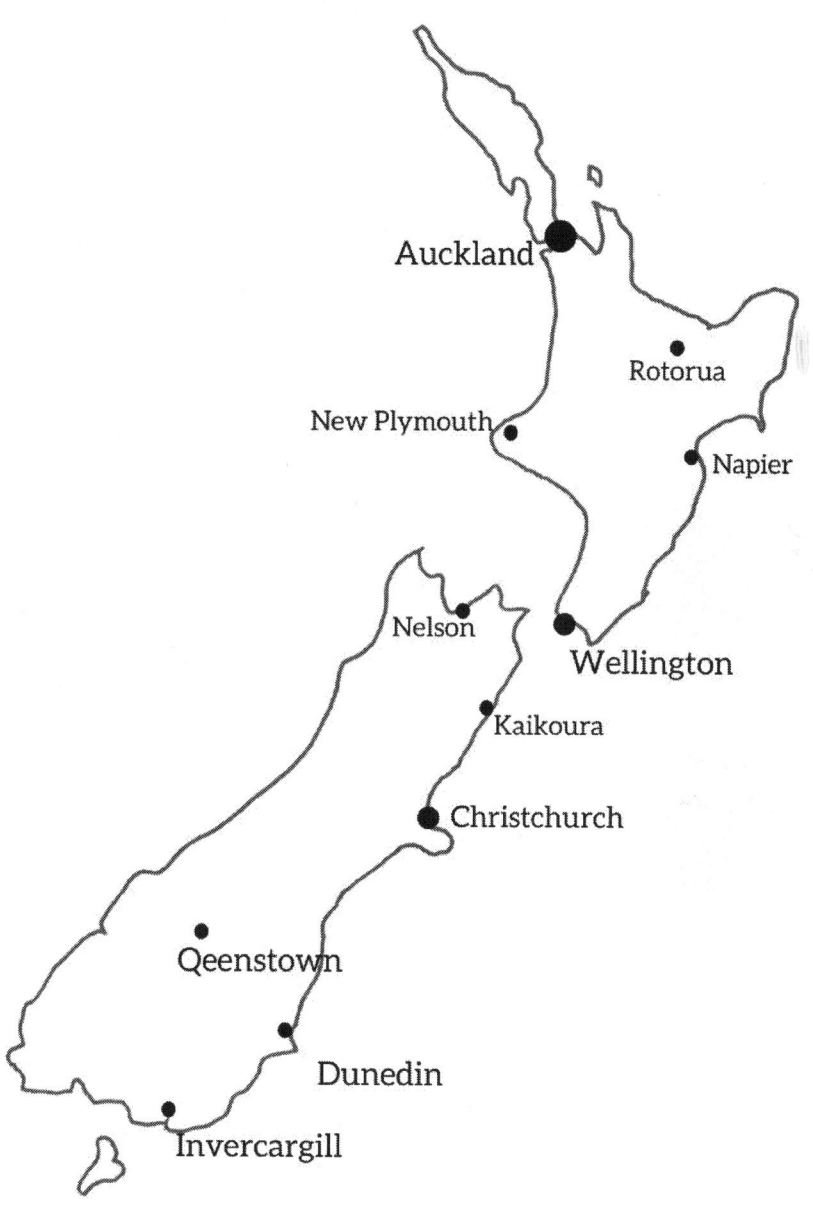

Traveling Party

People on the trip:

Vehicle:

Other general notes:

Date _____   DAY # ____

Distance _____   Time on the road _____

Departure point _____

Destination _____

Stops & Activities

_____
_____
_____
_____
_____
_____
_____
_____

Weather _____
_____

Lunch _____
_____

Dinner _____
_____

Accommodation _____
_____

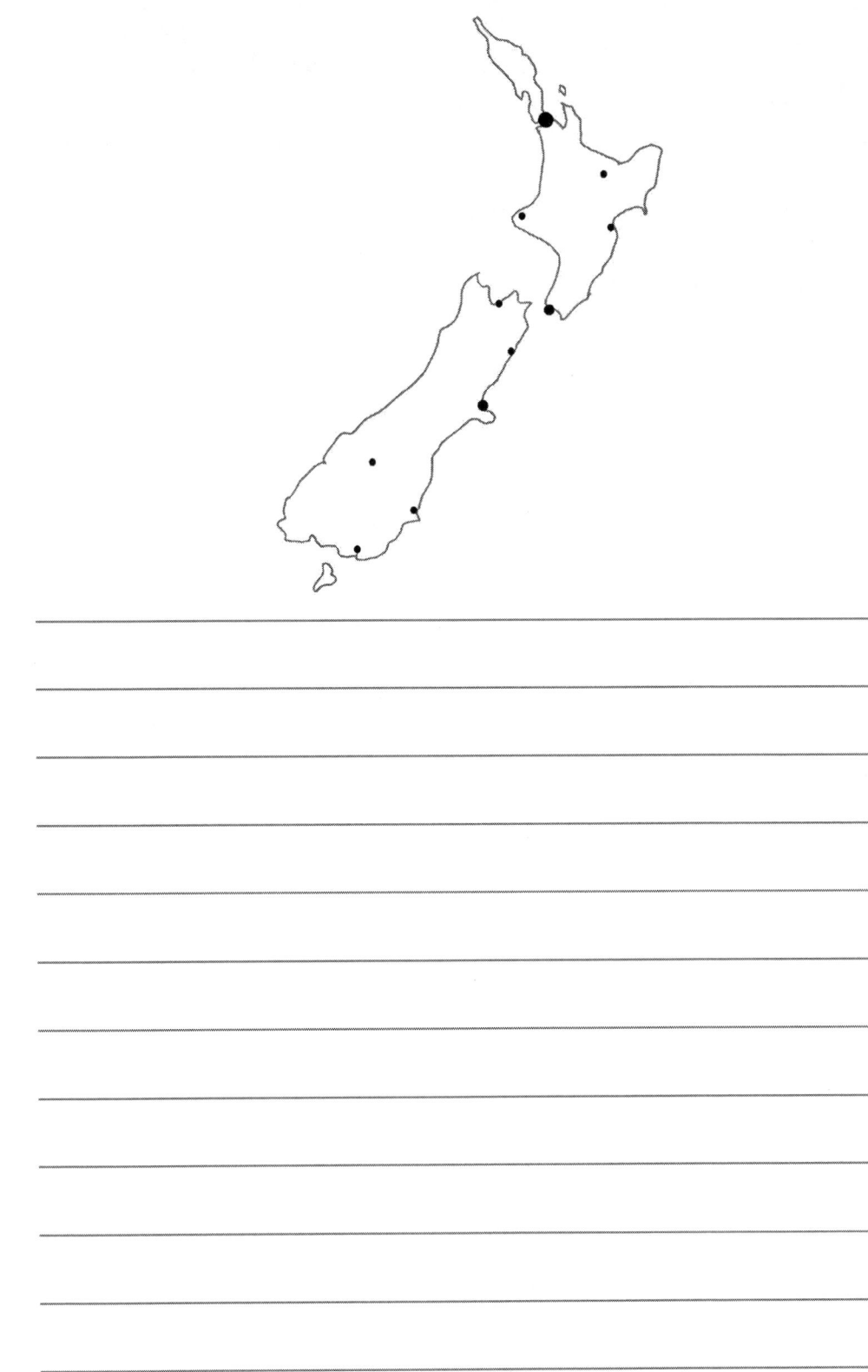

Date _____   DAY # _____

Distance _____   Time on the road _____

Departure point _____

Destination _____

Stops & Activities

_____
_____
_____
_____
_____
_____
_____

Weather _____
_____

Lunch _____
_____

Dinner _____
_____

Accommodation _____
_____

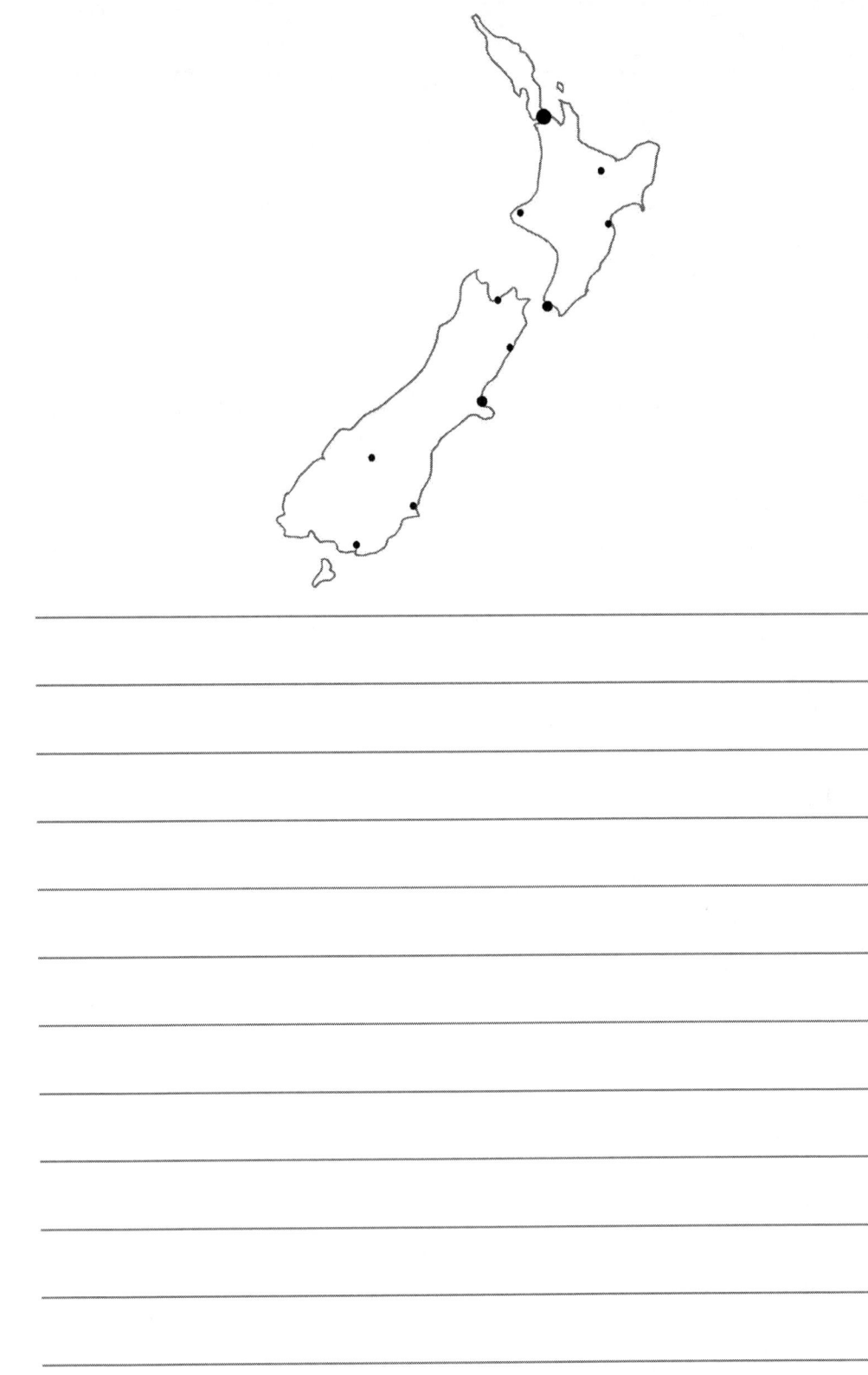

Date _____   DAY # _____

Distance _____ Time on the road _____

Departure point _____

Destination _____

Stops & Activities

_____
_____
_____
_____
_____
_____
_____

Weather _____

Lunch _____

Dinner _____

Accommodation _____

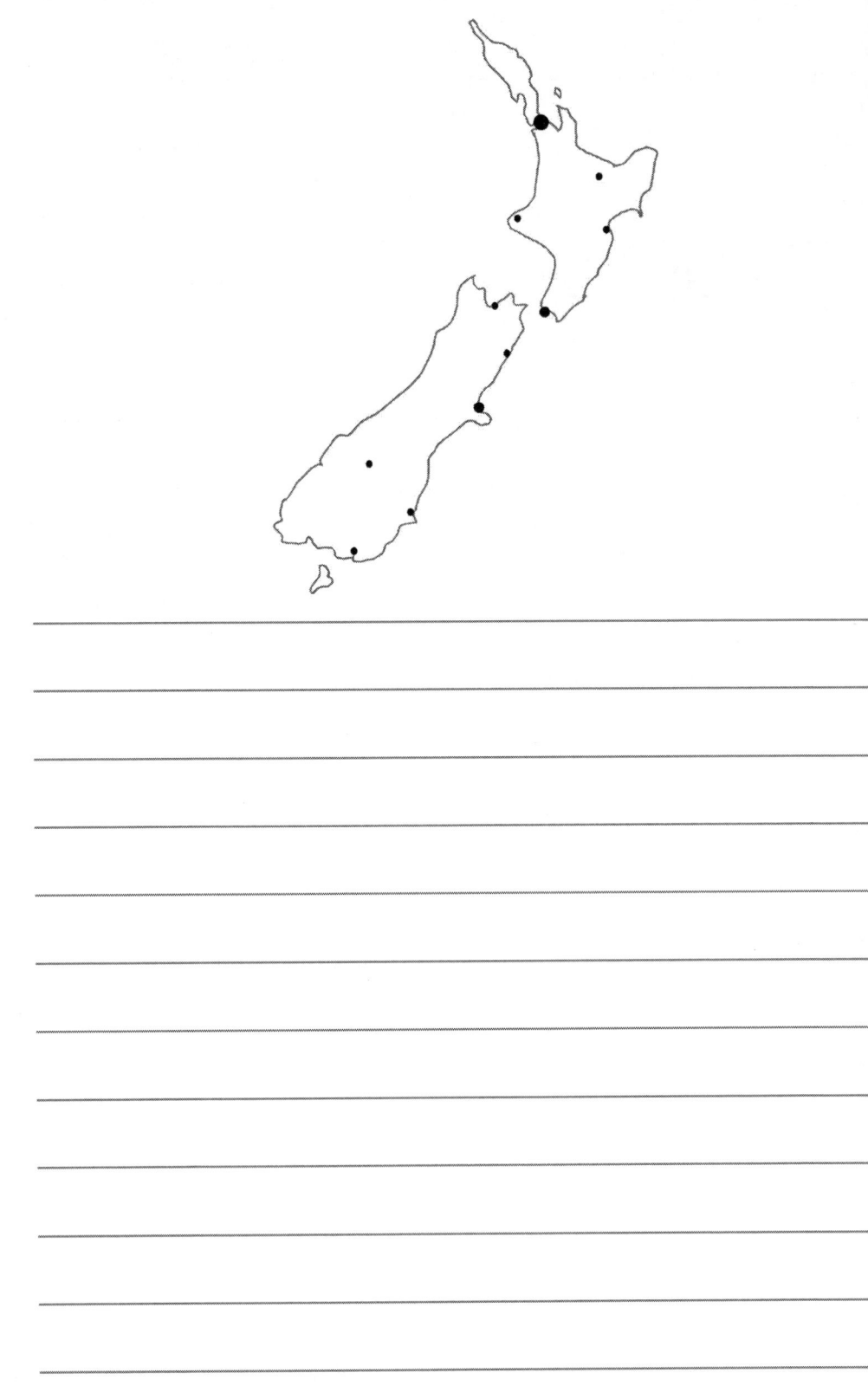

Date _____ DAY # _____

Distance _____ Time on the road _____

Departure point _____

Destination _____

Stops & Activities

_____
_____
_____
_____
_____
_____
_____

Weather _____
        _____

Lunch _____
_____

Dinner _____
_____

Accommodation _____
_____

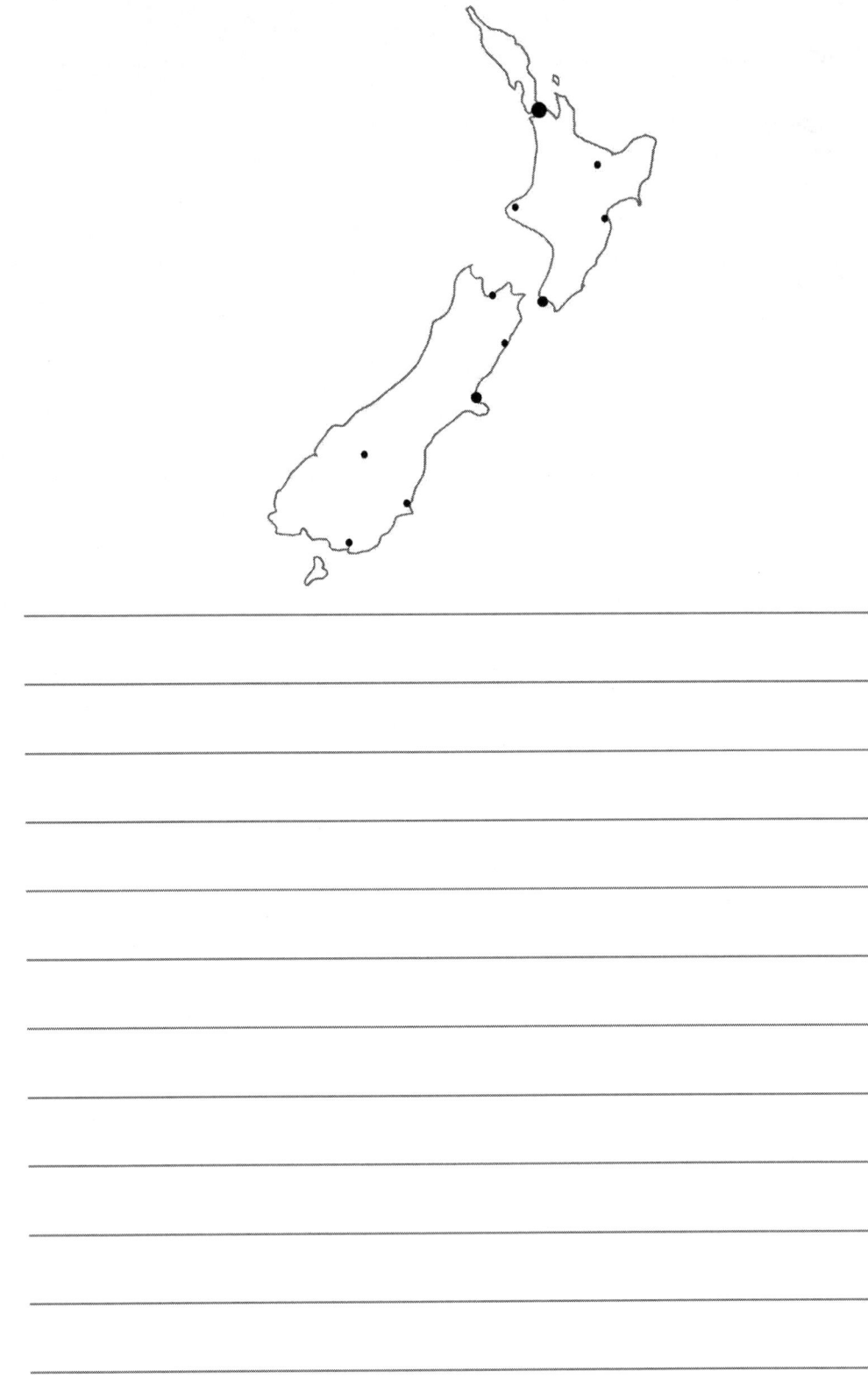

Date _____ DAY # _____

Distance _____ Time on the road _____

Departure point _____

Destination _____

Stops & Activities

_____
_____
_____
_____
_____
_____
_____
_____

Weather _____

Lunch _____

Dinner _____

Accommodation _____

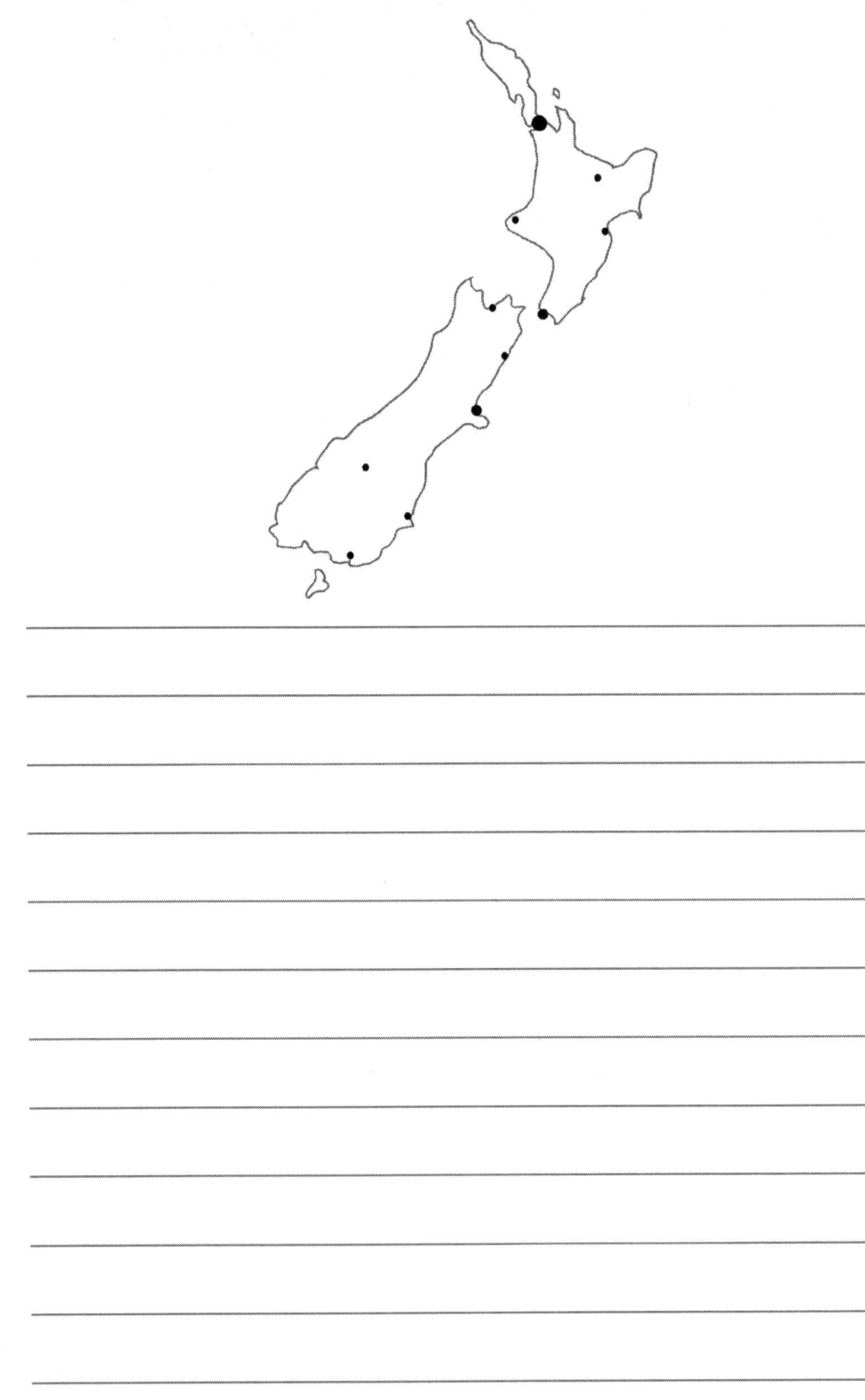

Date _____ DAY # _____

Distance _____ Time on the road _____

Departure point _____

Destination _____

Stops & Activities

_____
_____
_____
_____
_____
_____
_____
_____

Weather _____
_____

Lunch _____
_____

Dinner _____
_____

Accommodation _____
_____

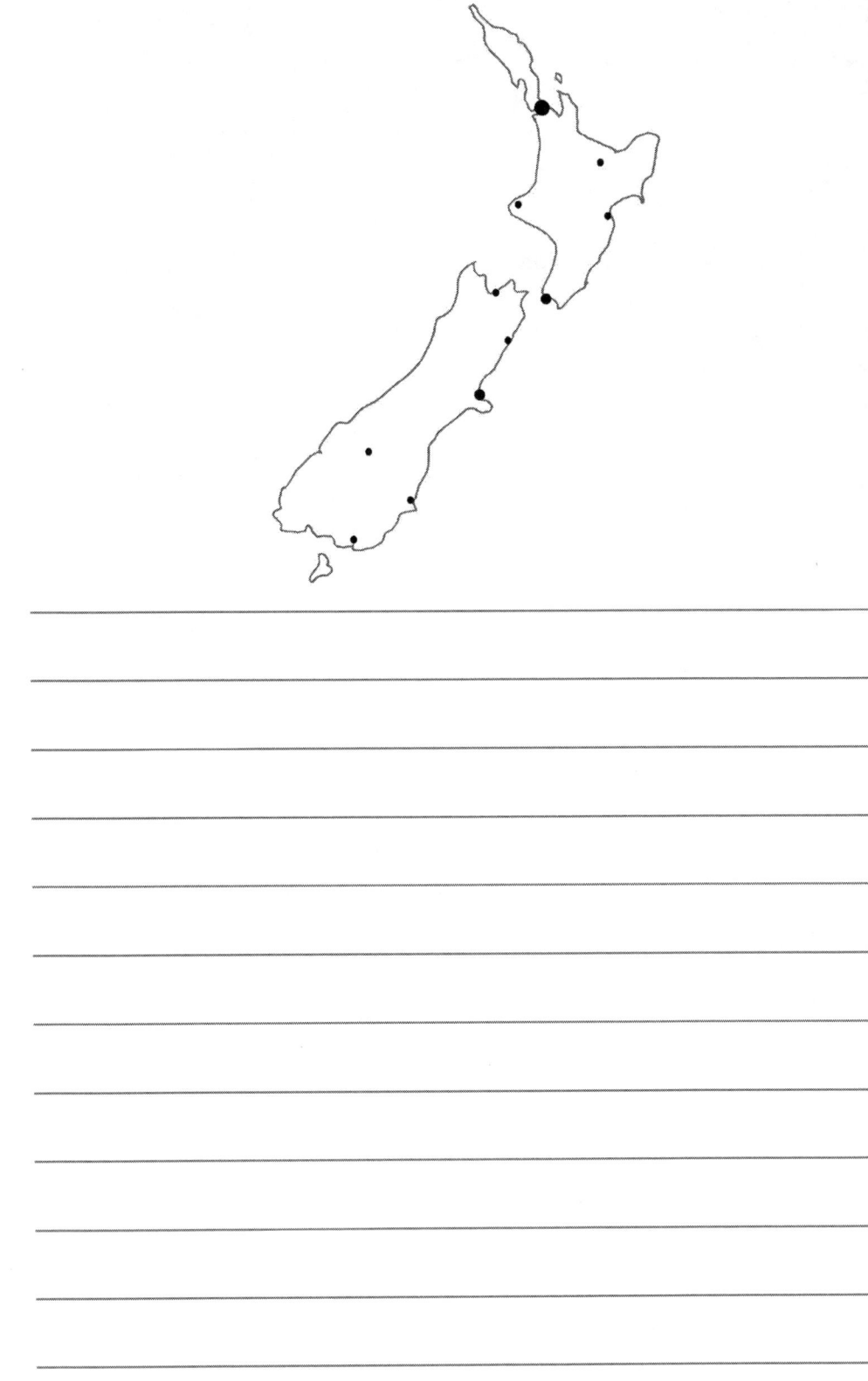

Date _____   DAY # _____

Distance _____   Time on the road _____

Departure point _____

Destination _____

Stops & Activities

_____
_____
_____
_____
_____
_____
_____

Weather _____
_____

Lunch _____

Dinner _____
_____

Accommodation _____
_____

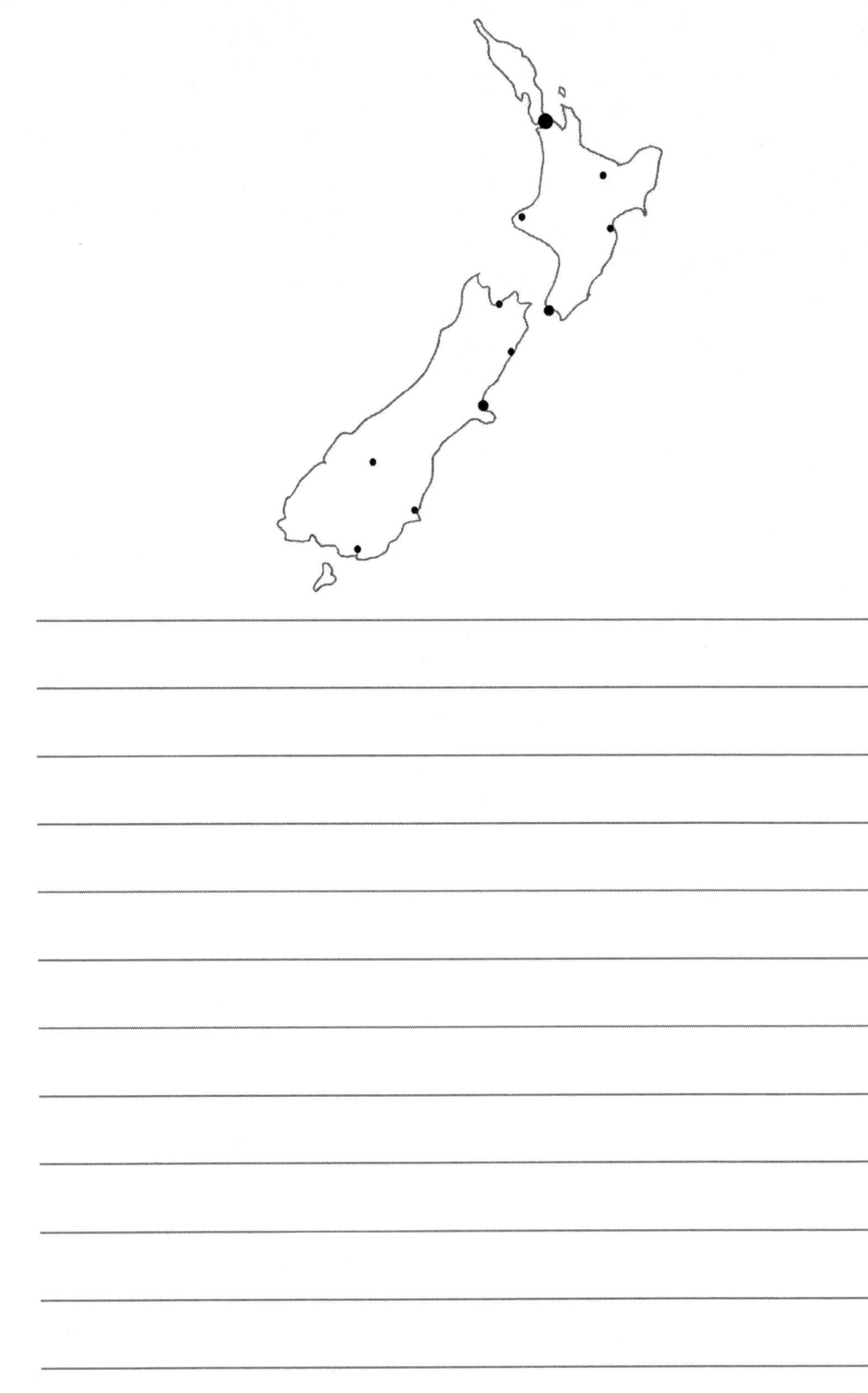

Date _____ **DAY #** _____

Distance _____ Time on the road _____

Departure point _____

Destination _____

Stops & Activities

_____
_____
_____
_____
_____
_____
_____
_____

Weather _____
_____

Lunch _____
_____

Dinner _____
_____

Accommodation _____
_____

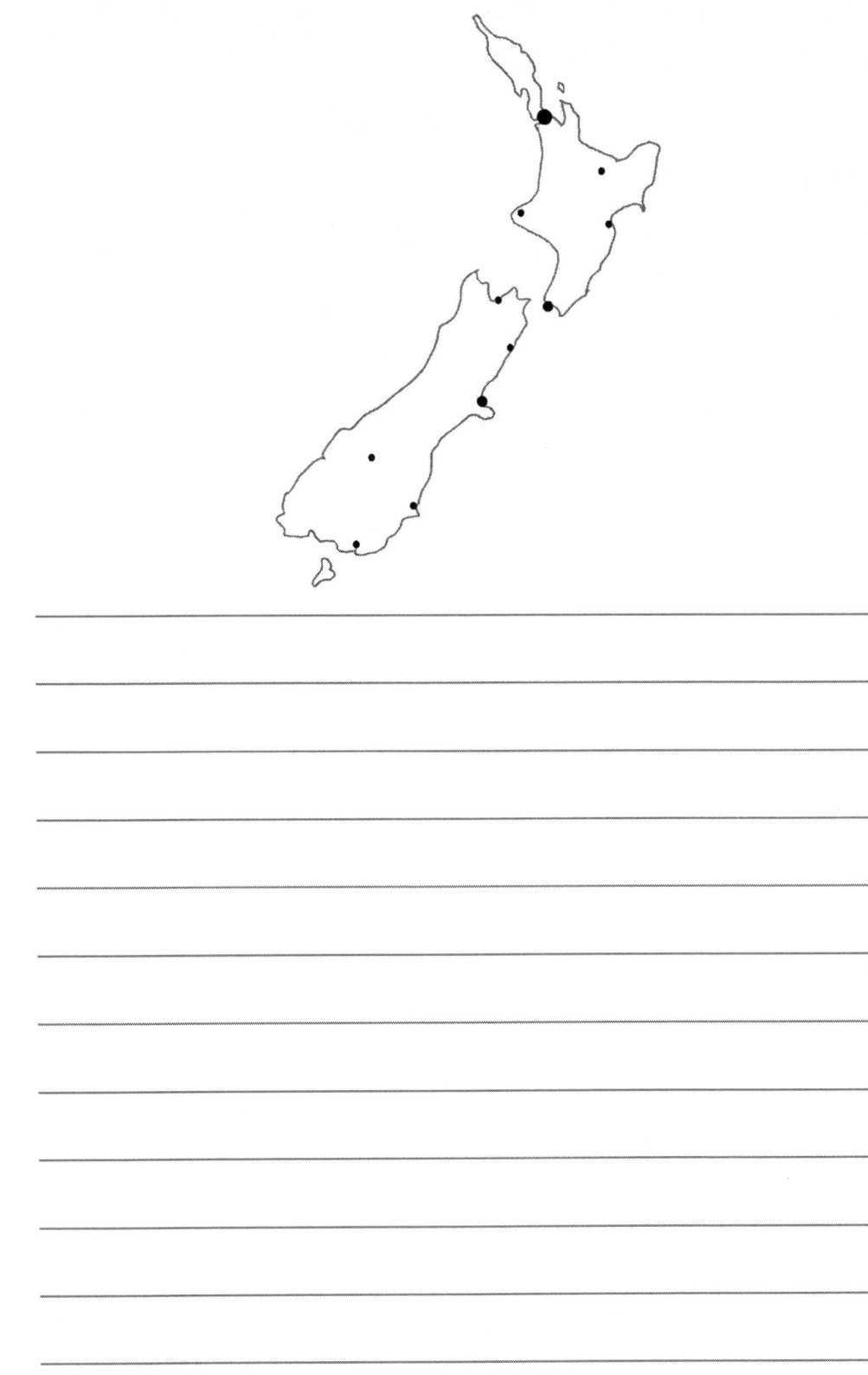

Date _____   DAY # _____

Distance _____   Time on the road _____

Departure point _____

Destination _____

Stops & Activities

_____
_____
_____
_____
_____
_____
_____

Weather _____
_____

Lunch _____

Dinner _____

Accommodation _____

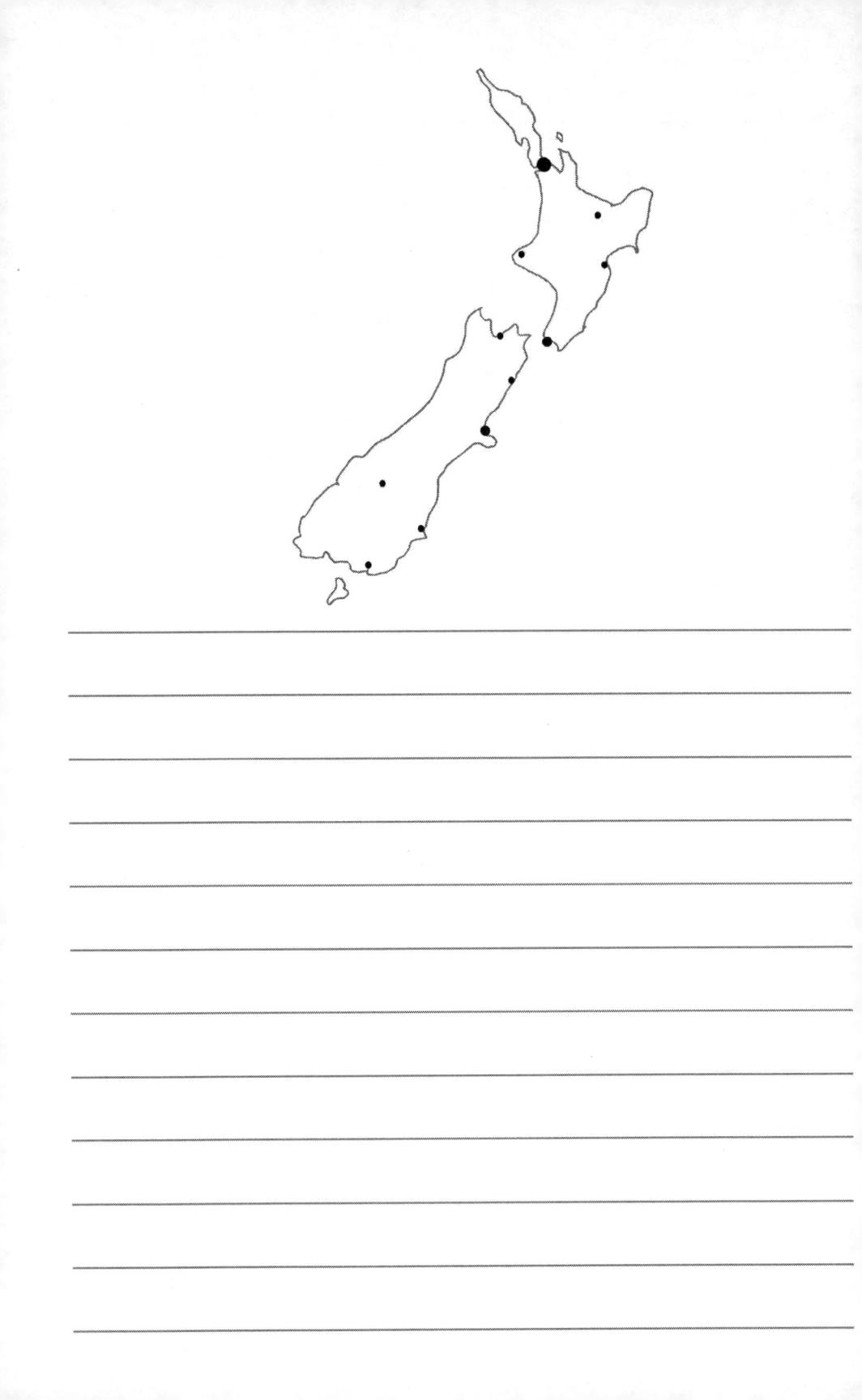

Date _____ DAY # _____

Distance _____ Time on the road _____

Departure point _____

Destination _____

Stops & Activities

_____
_____
_____
_____
_____
_____
_____
_____

Weather _____

Lunch _____

Dinner _____

Accommodation _____

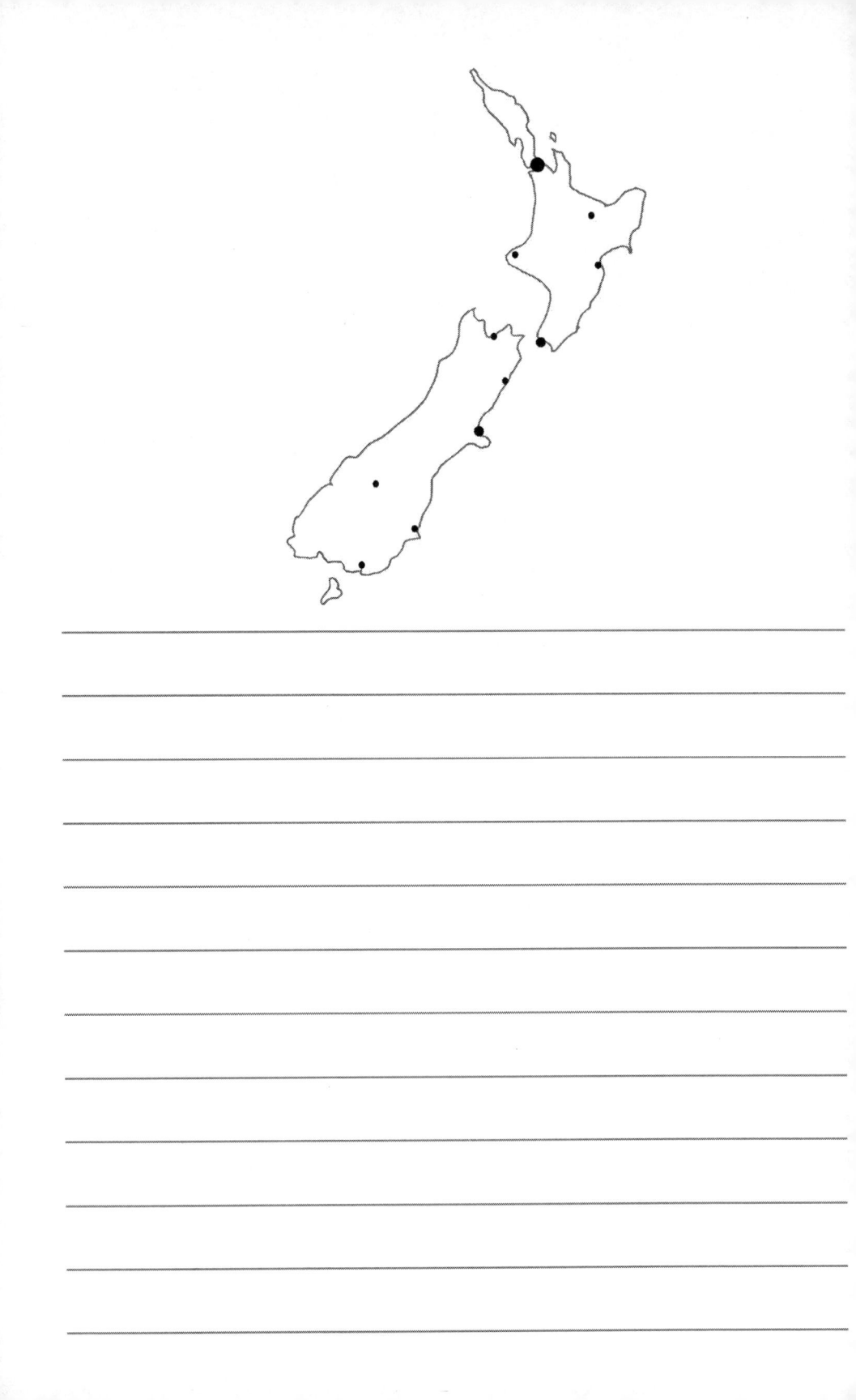

Date _____ DAY # _____

Distance _____ Time on the road _____

Departure point _____

Destination _____

Stops & Activities

_____
_____
_____
_____
_____
_____
_____
_____

Weather _____
_____

Lunch _____
_____

Dinner _____
_____

Accommodation _____
_____

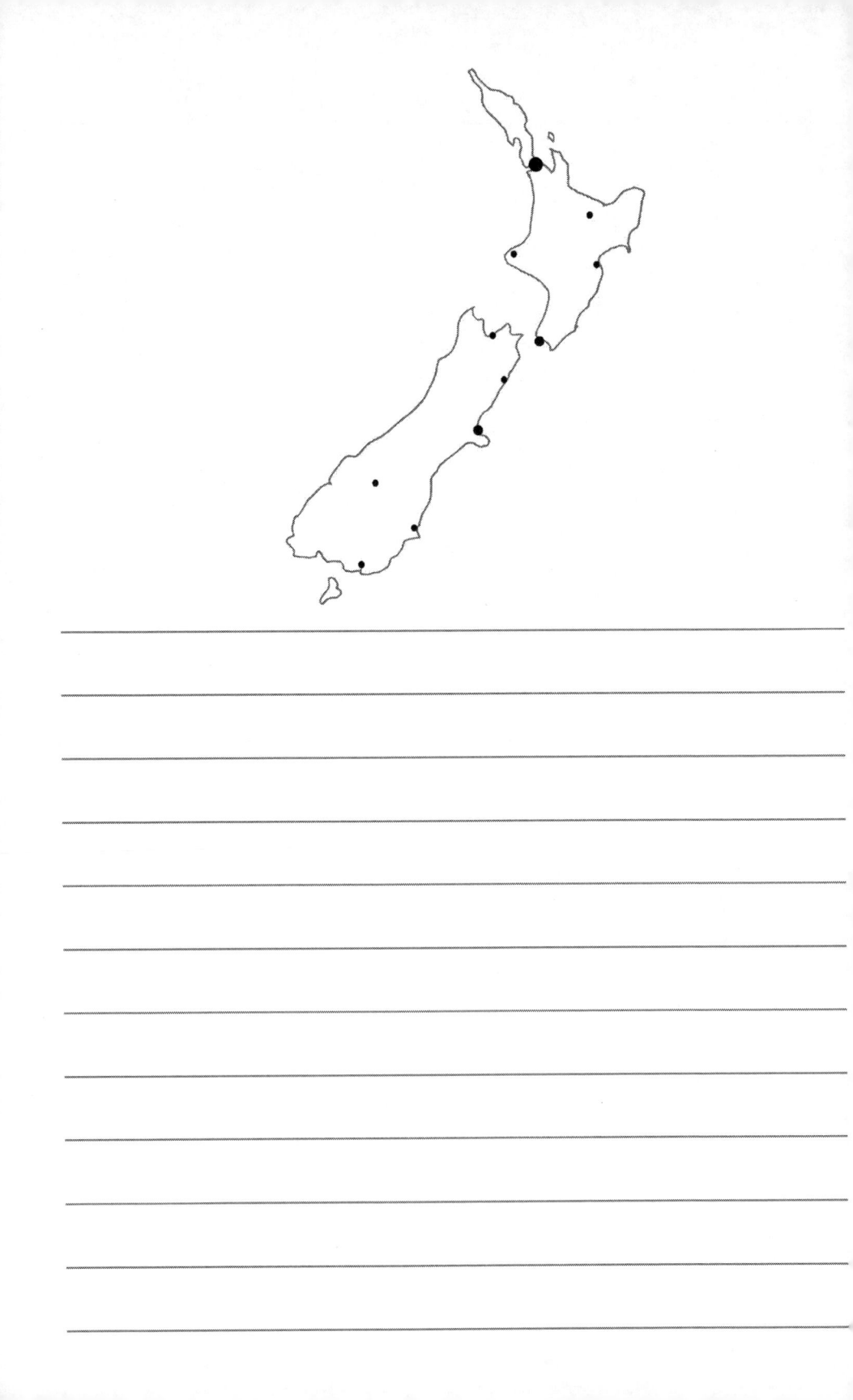

Date _____ **DAY #** _____

Distance _____ Time on the road _____

Departure point _____

Destination _____

Stops & Activities

_____

_____

_____

_____

_____

_____

_____

Weather _____
_____

Lunch _____
_____

Dinner _____
_____

Accommodation _____
_____

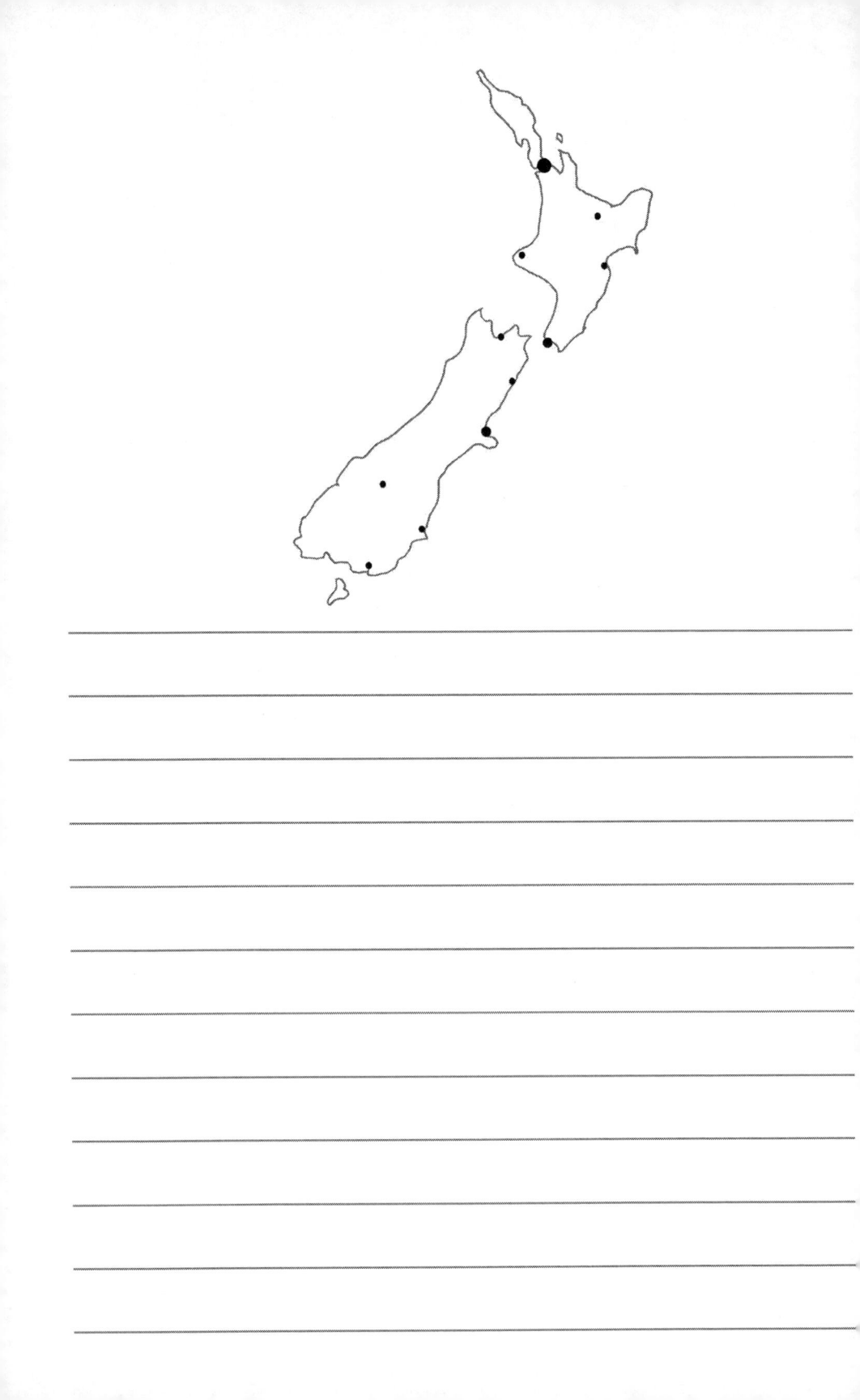

Date _____ DAY # _____

Distance _____ Time on the road _____

Departure point _____

Destination _____

Stops & Activities

_____
_____
_____
_____
_____
_____
_____
_____

Weather _____
_____

Lunch _____
_____

Dinner _____
_____

Accommodation _____
_____

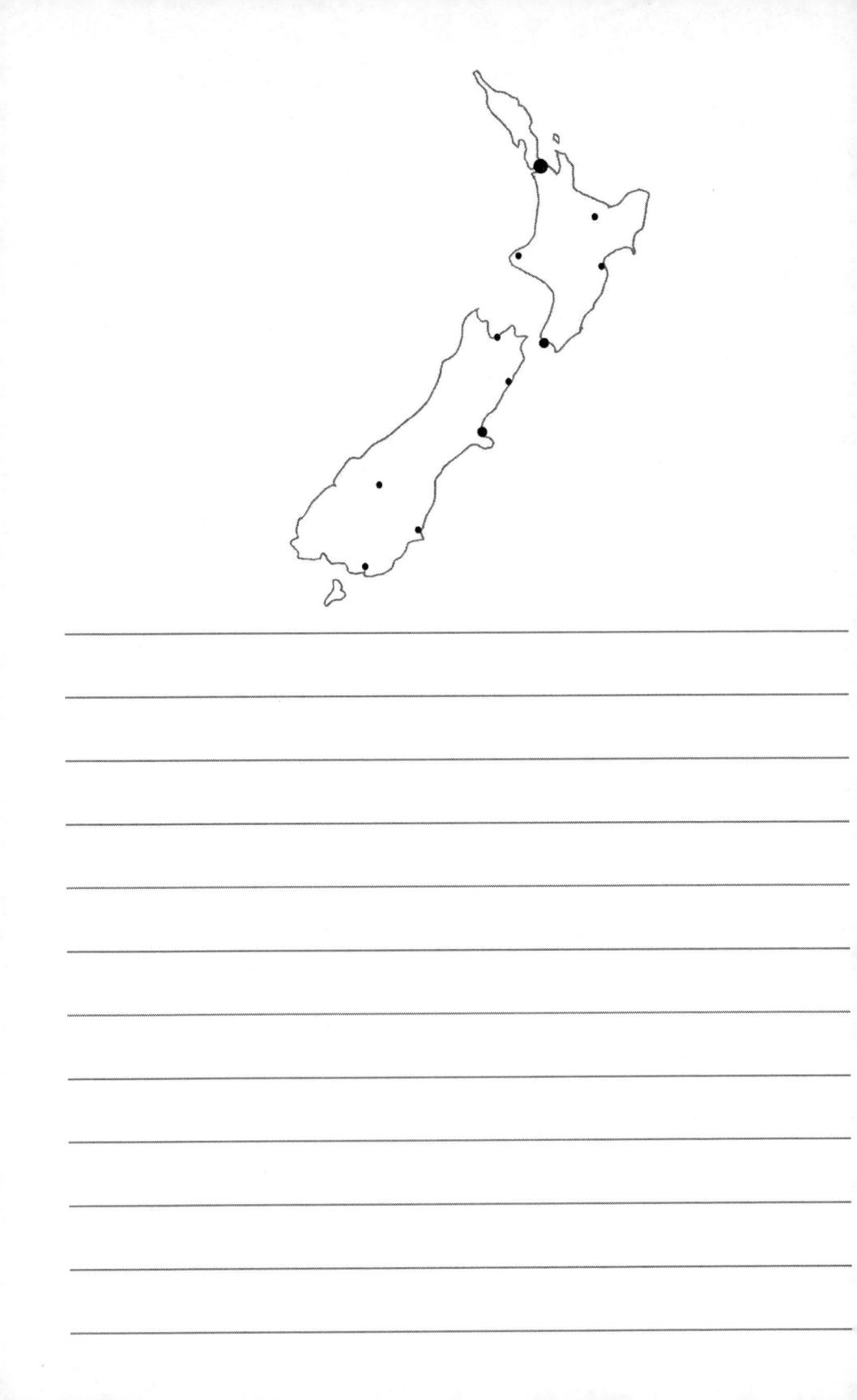

Date _____ DAY # _____

Distance _____ Time on the road _____

Departure point _____

Destination _____

Stops & Activities

_____
_____
_____
_____
_____
_____
_____
_____

Weather _____

Lunch _____

Dinner _____

Accommodation _____

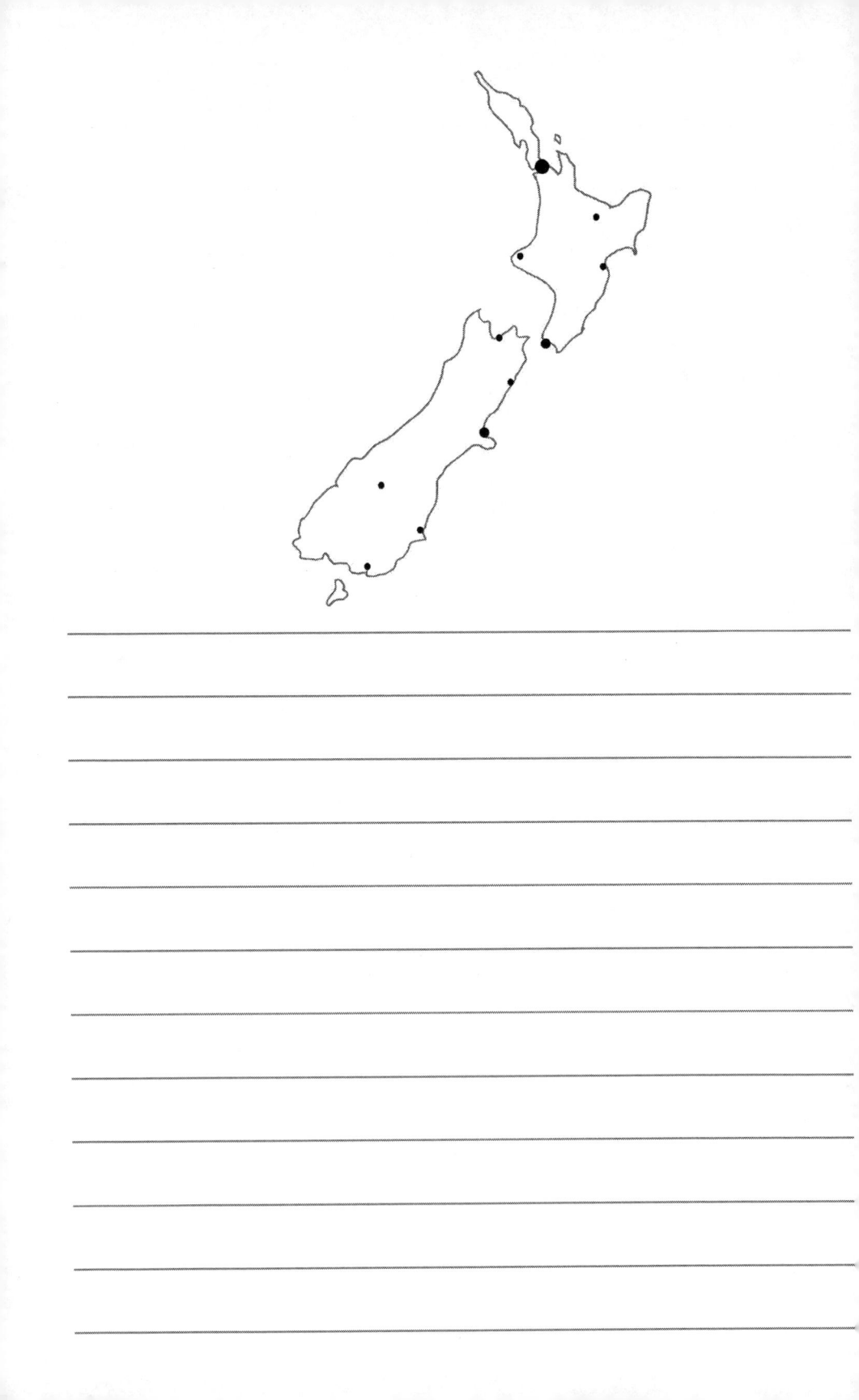

Date _____ DAY # _____

Distance _____ Time on the road _____

Departure point _____

Destination _____

Stops & Activities

_____
_____
_____
_____
_____
_____
_____

Weather _____
_____

Lunch _____
_____

Dinner _____
_____

Accommodation _____
_____

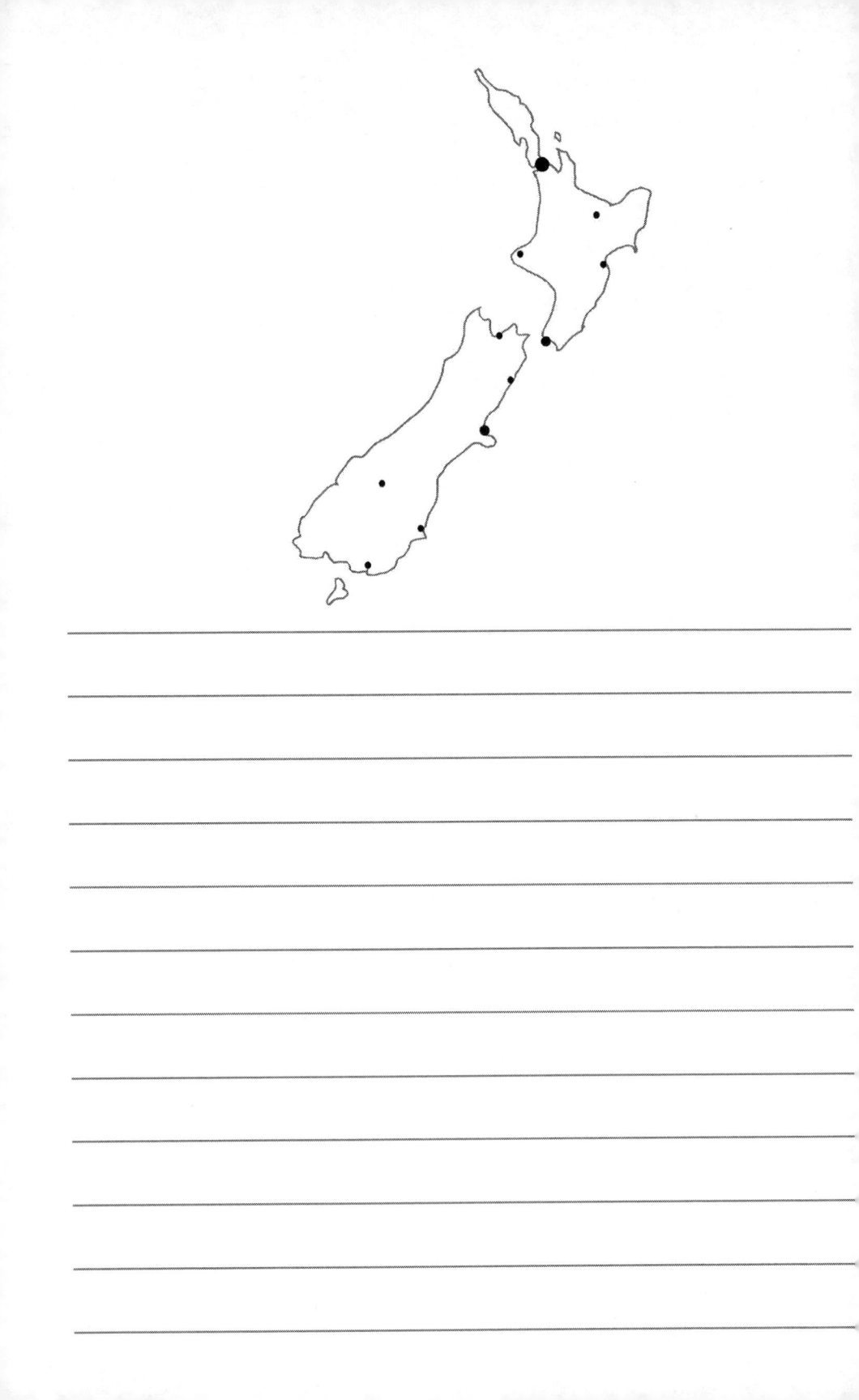

Date _____   DAY # _____

Distance _____   Time on the road _____

Departure point _____

Destination _____

Stops & Activities

_____
_____
_____
_____
_____
_____
_____

Weather _____

Lunch _____

_____

Dinner _____

_____

Accommodation _____

_____

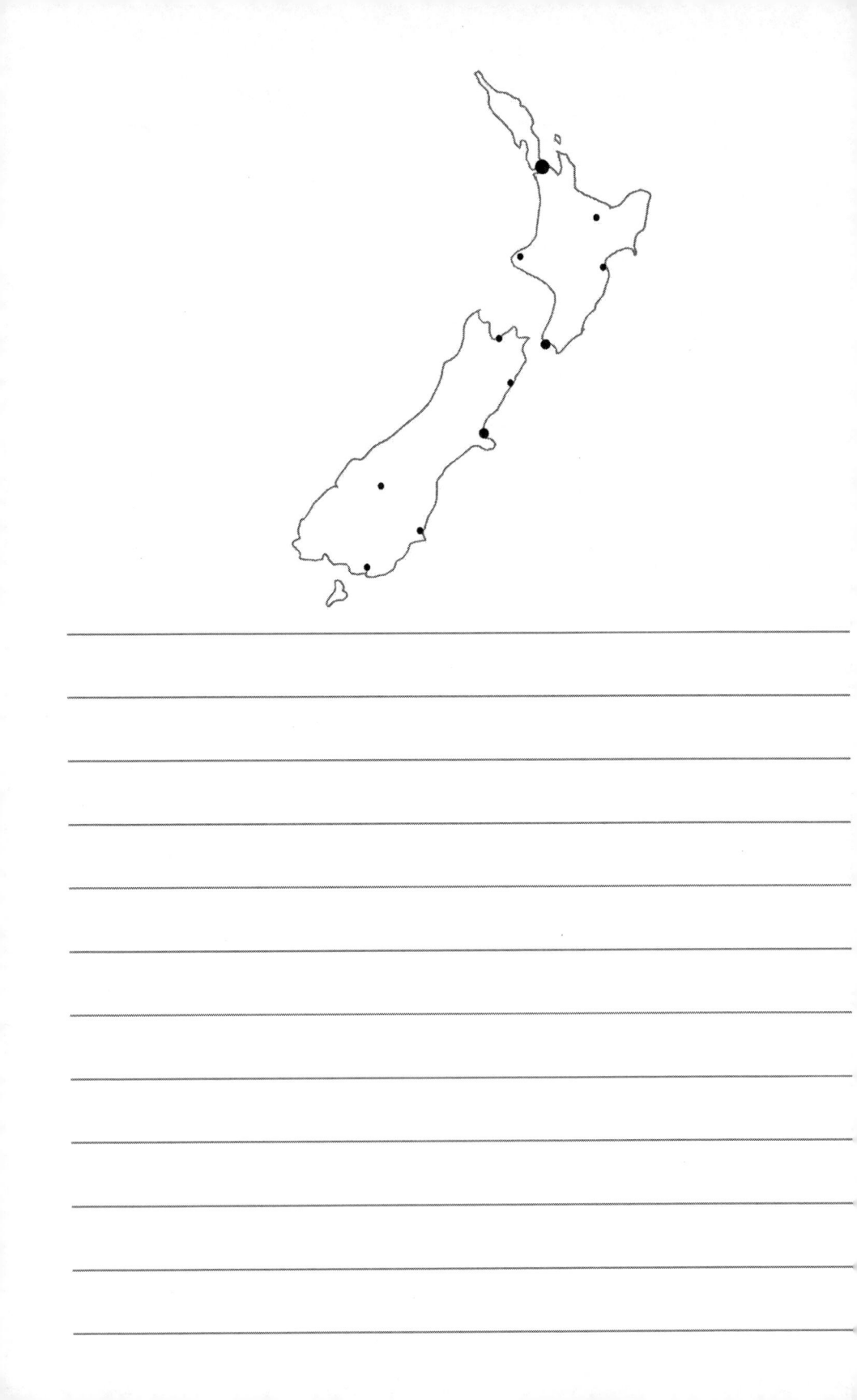

Date _____ **DAY #** _____

Distance _____ Time on the road _____

Departure point _____

Destination _____

Stops & Activities

_____
_____
_____
_____
_____
_____
_____
_____

Weather _____
_____

Lunch _____
_____

Dinner _____
_____

Accommodation _____
_____

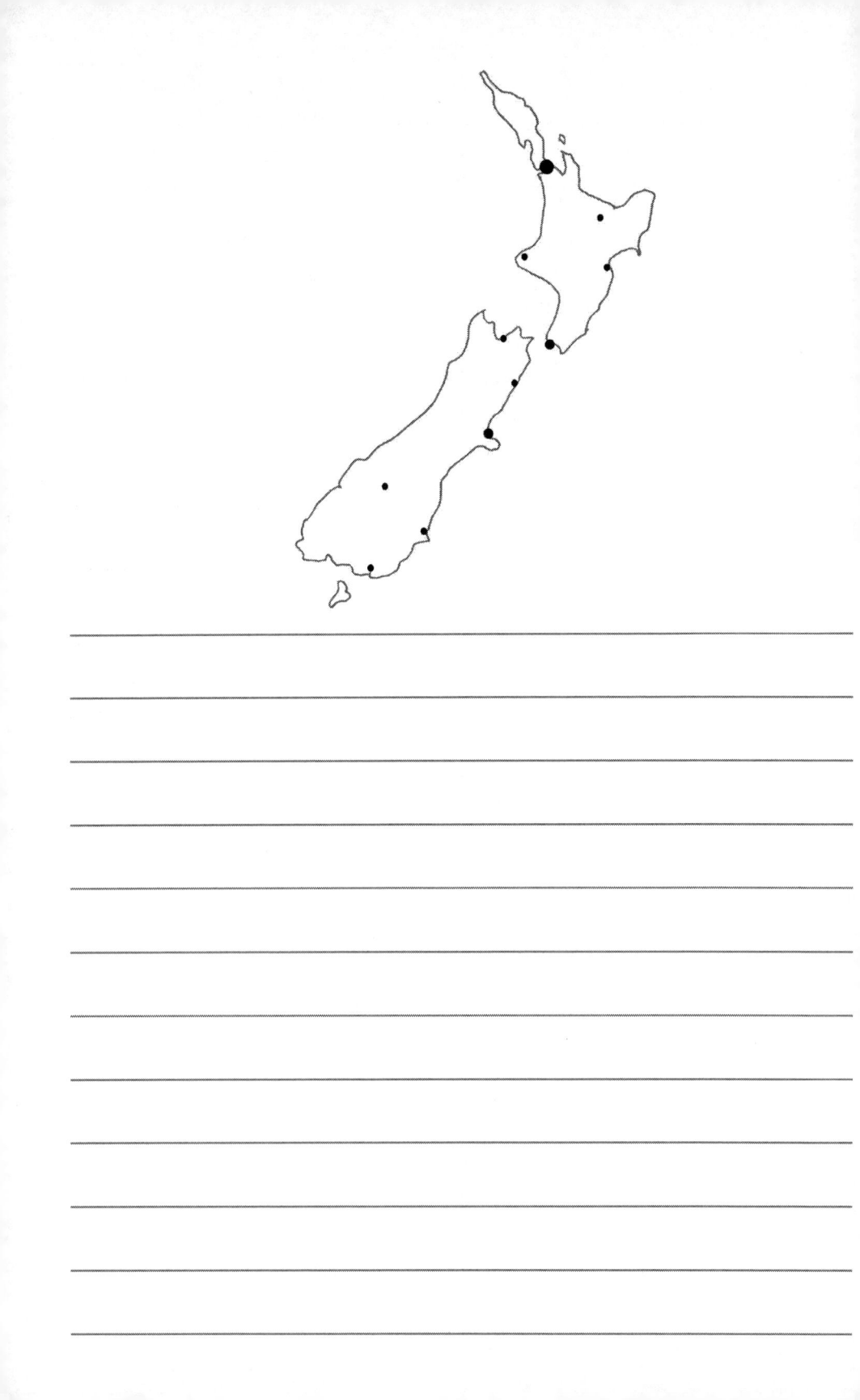

Date _____   DAY # _____

Distance _____   Time on the road _____

Departure point _____

Destination _____

Stops & Activities

_____
_____
_____
_____
_____
_____

Weather _____

Lunch _____

Dinner _____

Accommodation _____

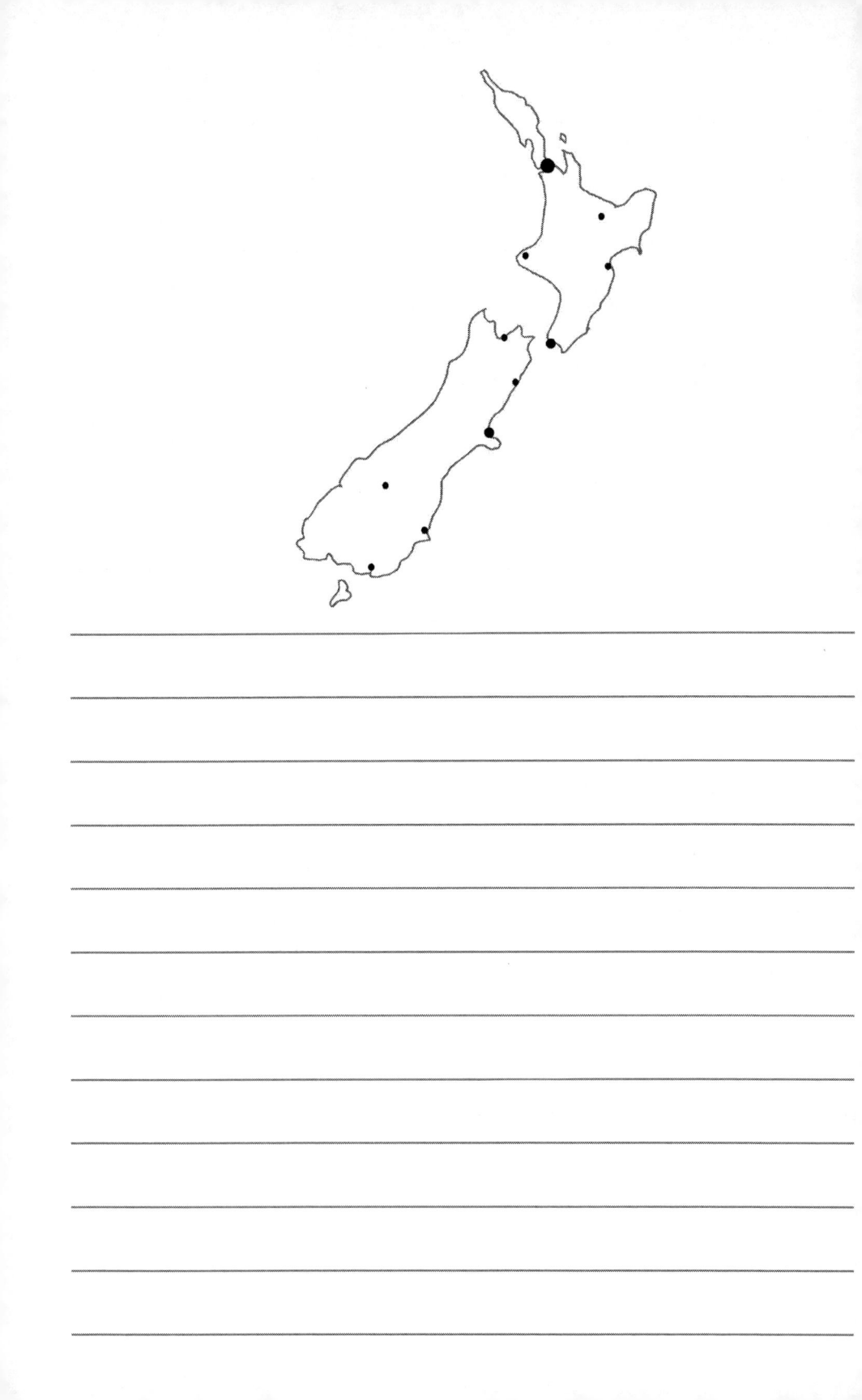

Date _____   DAY # _____

Distance _____   Time on the road _____

Departure point _____

Destination _____

Stops & Activities

_____
_____
_____
_____
_____
_____
_____

Weather _____
_____

Lunch _____
_____

Dinner _____
_____

Accommodation _____
_____

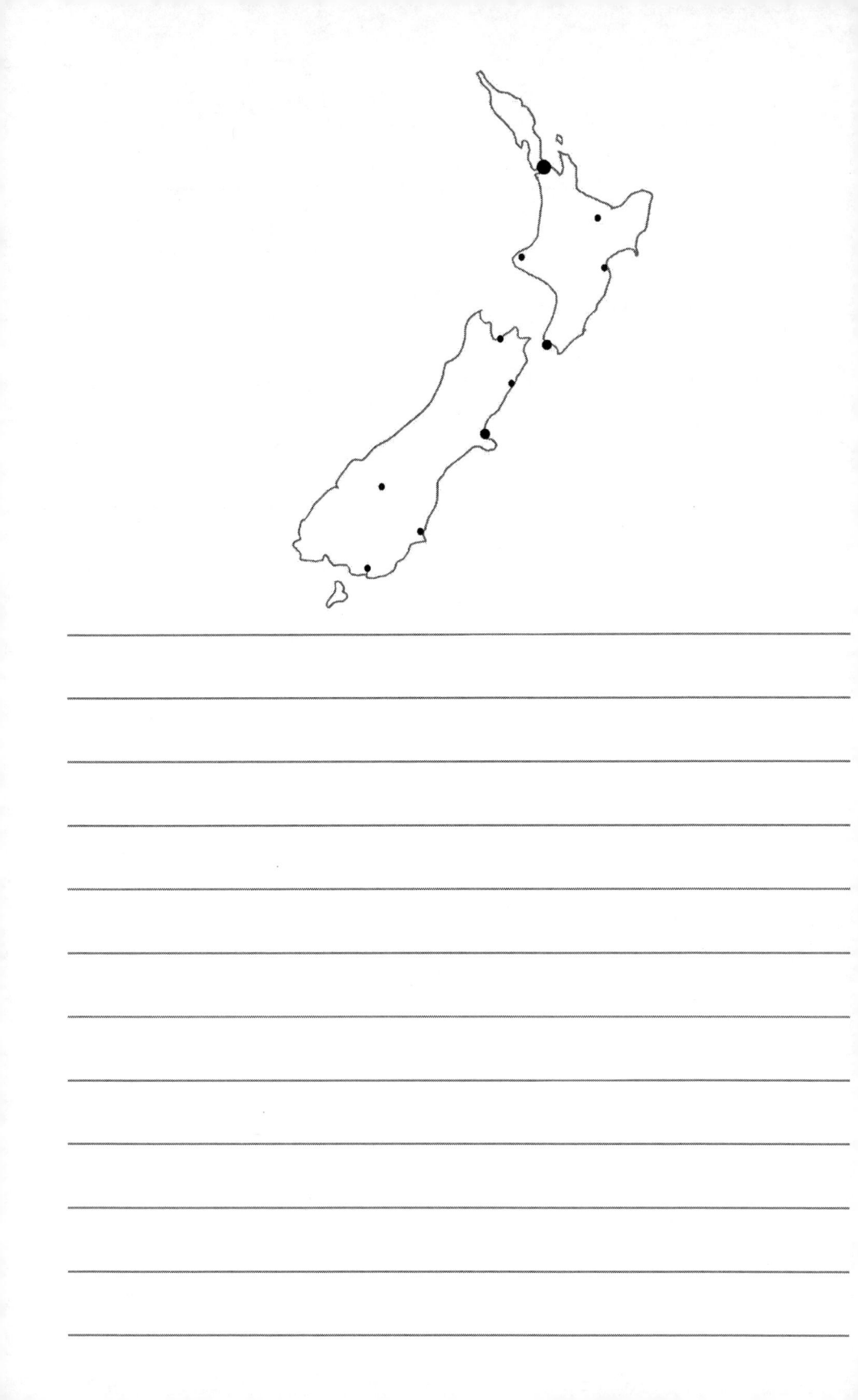

Date _____   DAY # _____

Distance _____   Time on the road _____

Departure point _____

Destination _____

Stops & Activities

_____
_____
_____
_____
_____
_____
_____
_____

Weather _____
_____

Lunch _____
_____

Dinner _____
_____

Accommodation _____
_____

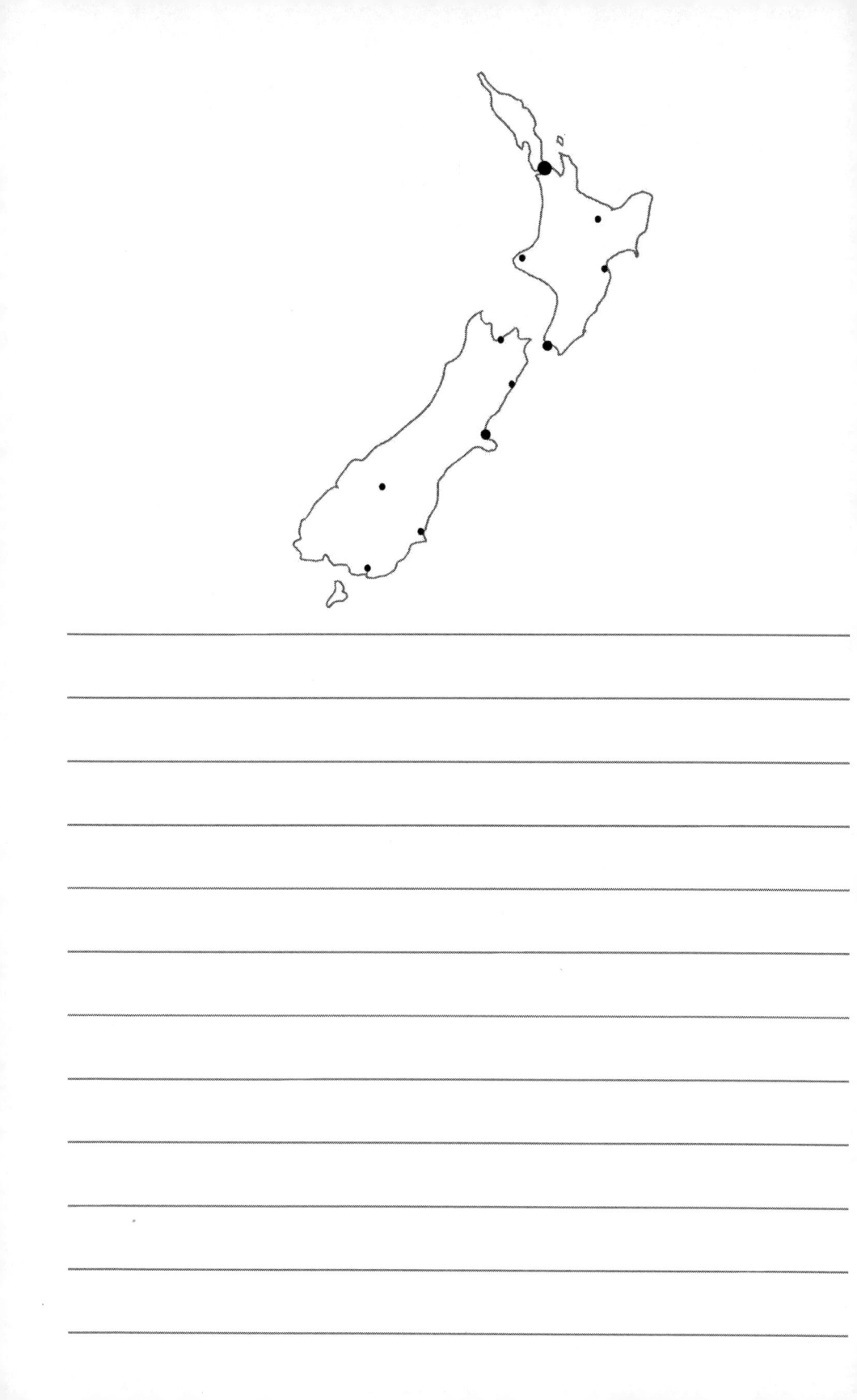

Date _____   DAY # _____

Distance _____   Time on the road _____

Departure point _____

Destination _____

Stops & Activities

_____
_____
_____
_____
_____
_____
_____
_____

Weather _____
_____

Lunch _____
_____

Dinner _____
_____

Accommodation _____
_____

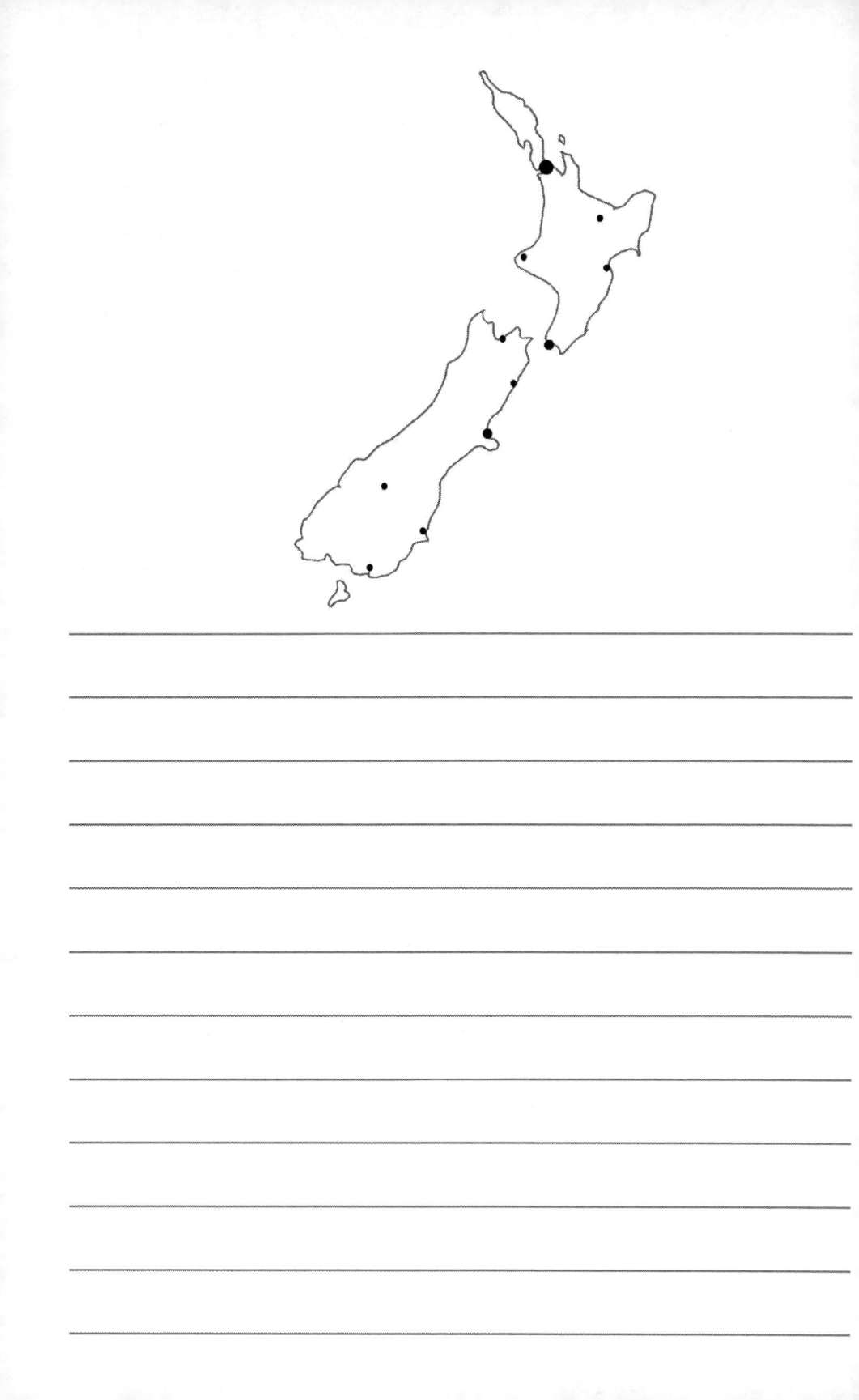

Date _____ DAY # _____

Distance _____ Time on the road _____

Departure point _____

Destination _____

Stops & Activities

_____
_____
_____
_____
_____
_____
_____

Weather _____
_____

Lunch _____
_____

Dinner _____
_____

Accommodation _____
_____

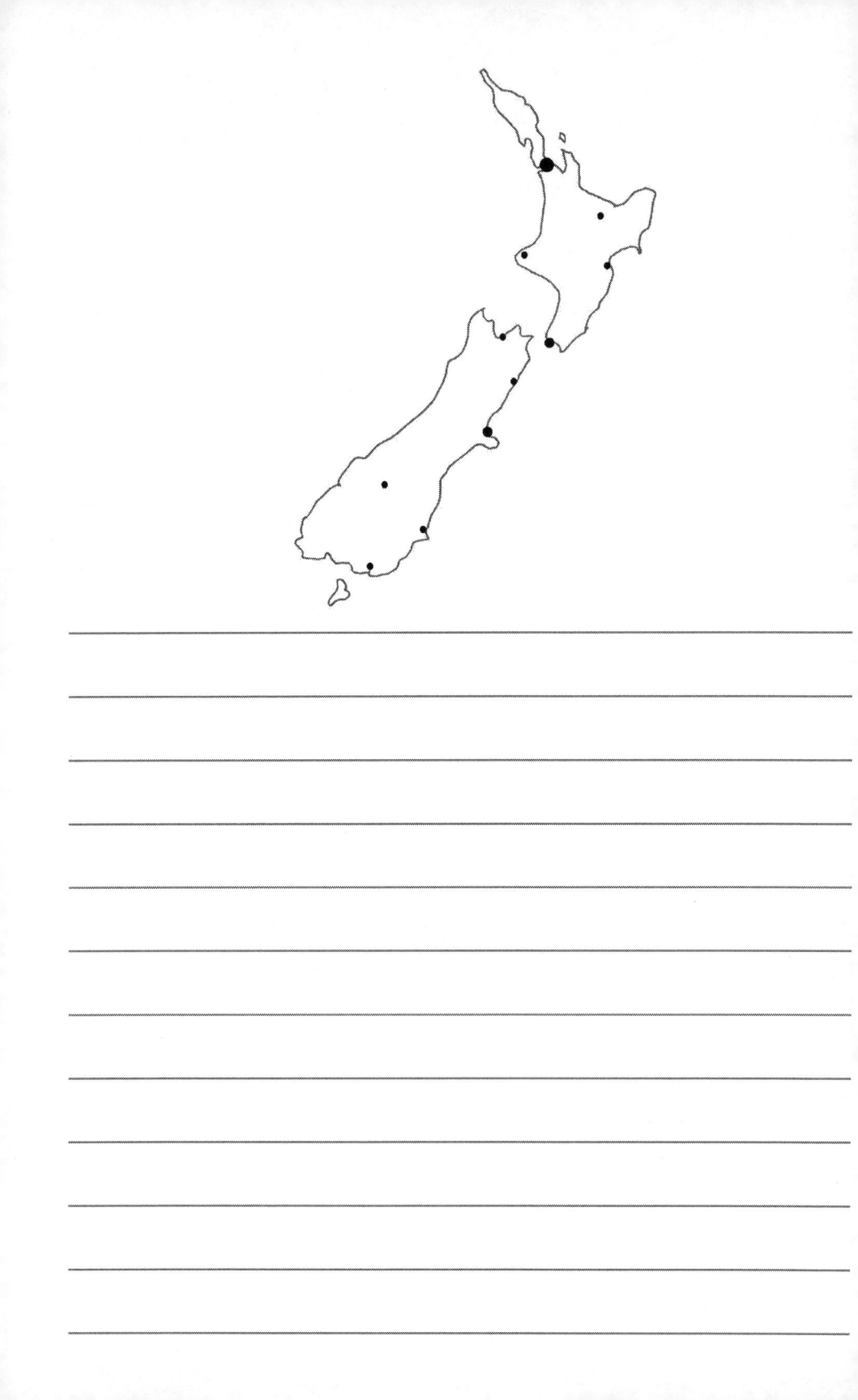

Date _____ **DAY #** _____

Distance _____ Time on the road _____

Departure point _____

Destination _____

Stops & Activities

_____
_____
_____
_____
_____
_____
_____
_____

Weather _____
_____

Lunch _____
_____

Dinner _____
_____

Accommodation _____
_____

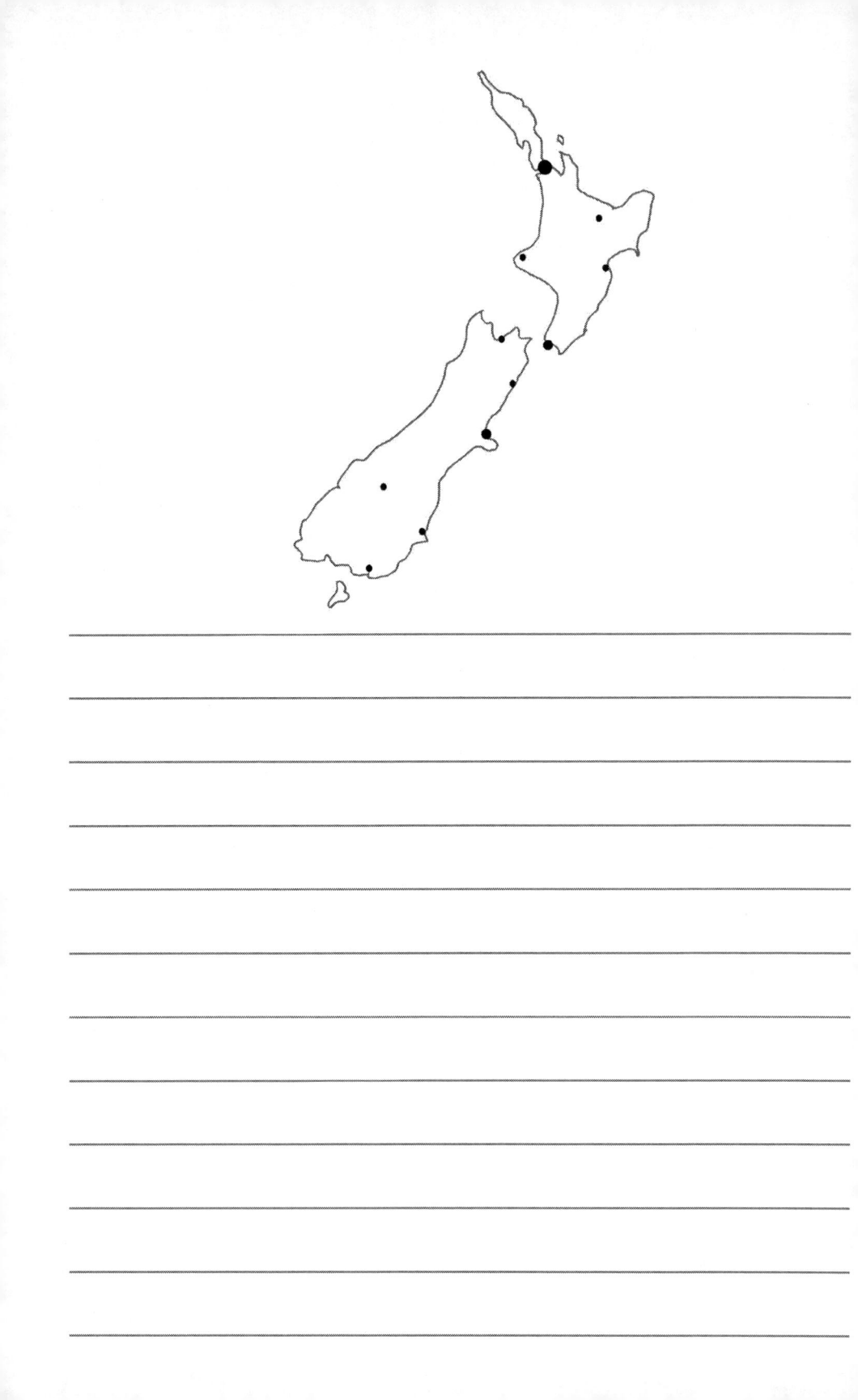

Date _____   DAY # _____

Distance _____ Time on the road _____

Departure point _____

Destination _____

Stops & Activities

_____
_____
_____
_____
_____
_____
_____
_____

Weather _____
_____

Lunch _____
_____

Dinner _____
_____

Accommodation _____
_____

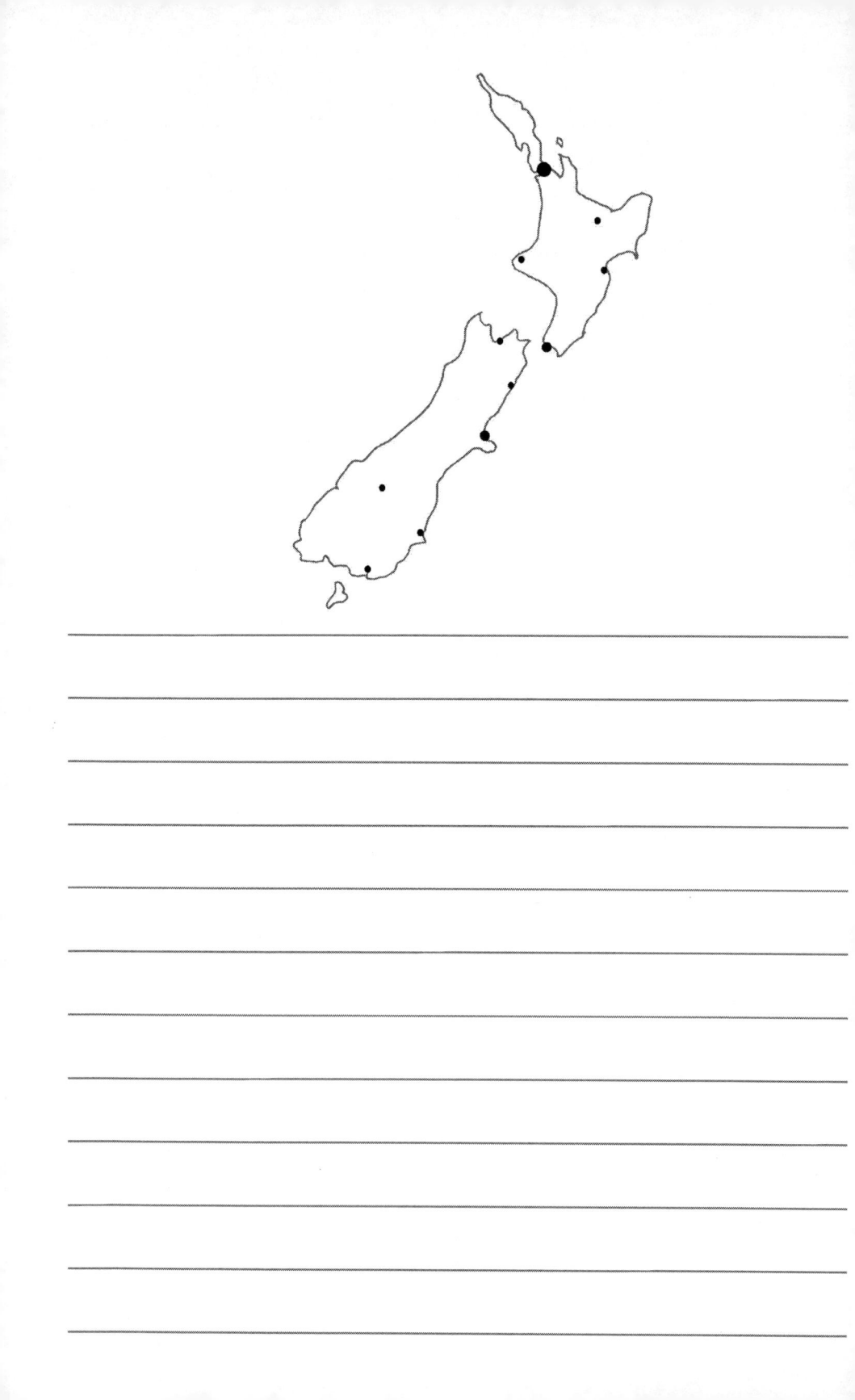

Date _____ DAY # _____

Distance _____ Time on the road _____

Departure point _____

Destination _____

Stops & Activities

_____

_____

_____

_____

_____

_____

_____

_____

Weather _____

_____

Lunch _____

_____

Dinner _____

_____

Accommodation _____

_____

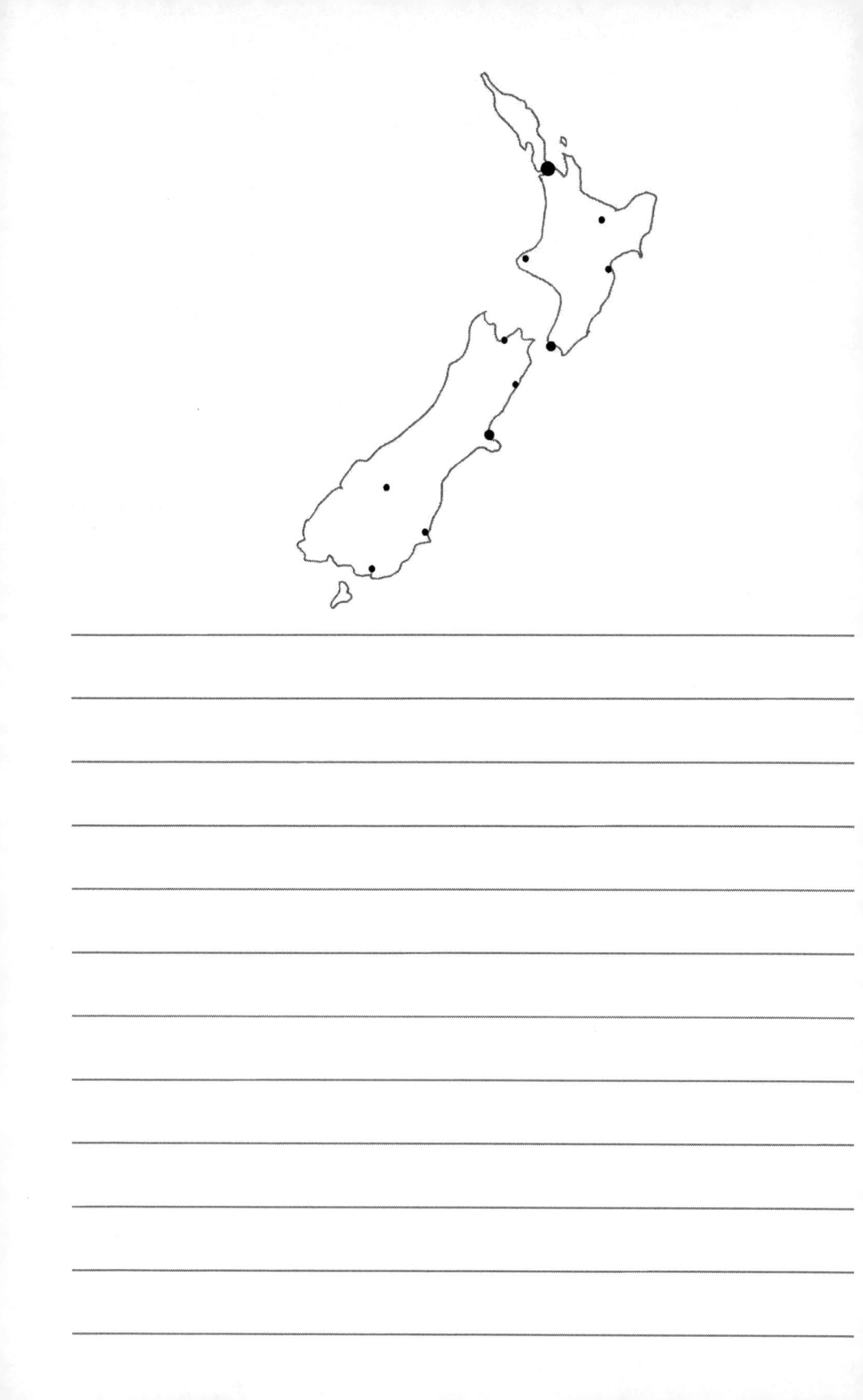

Date _____ DAY # _____

Distance _____ Time on the road _____

Departure point _____

Destination _____

Stops & Activities

_____
_____
_____
_____
_____
_____
_____
_____

Weather _____
_____

Lunch _____
_____

Dinner _____
_____

Accommodation _____
_____

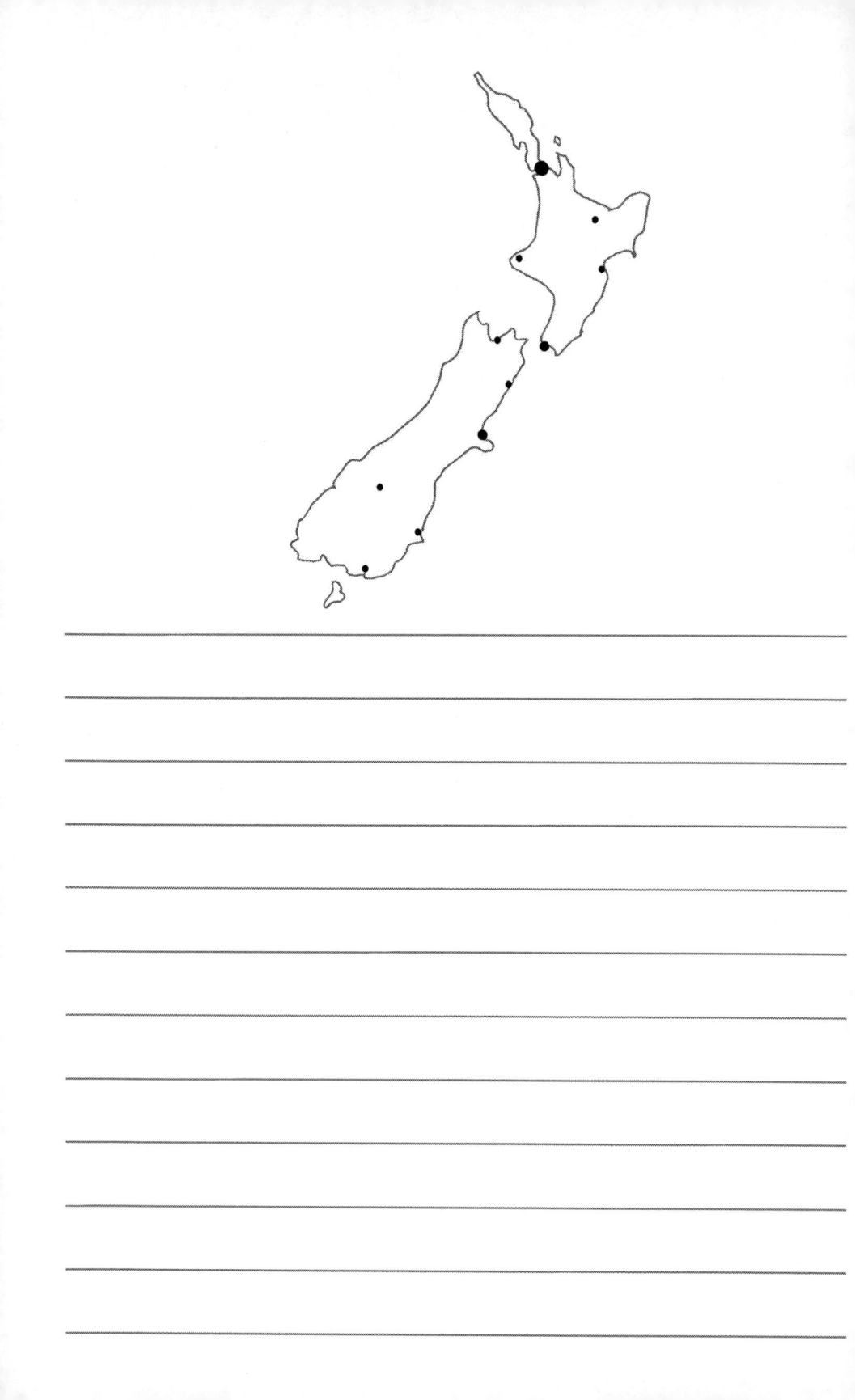

Date _____   **DAY #** _____

Distance _____   Time on the road _____

Departure point _____

Destination _____

Stops & Activities

_____
_____
_____
_____
_____
_____

Weather _____
_____

Lunch _____
_____

Dinner _____
_____

Accommodation _____
_____

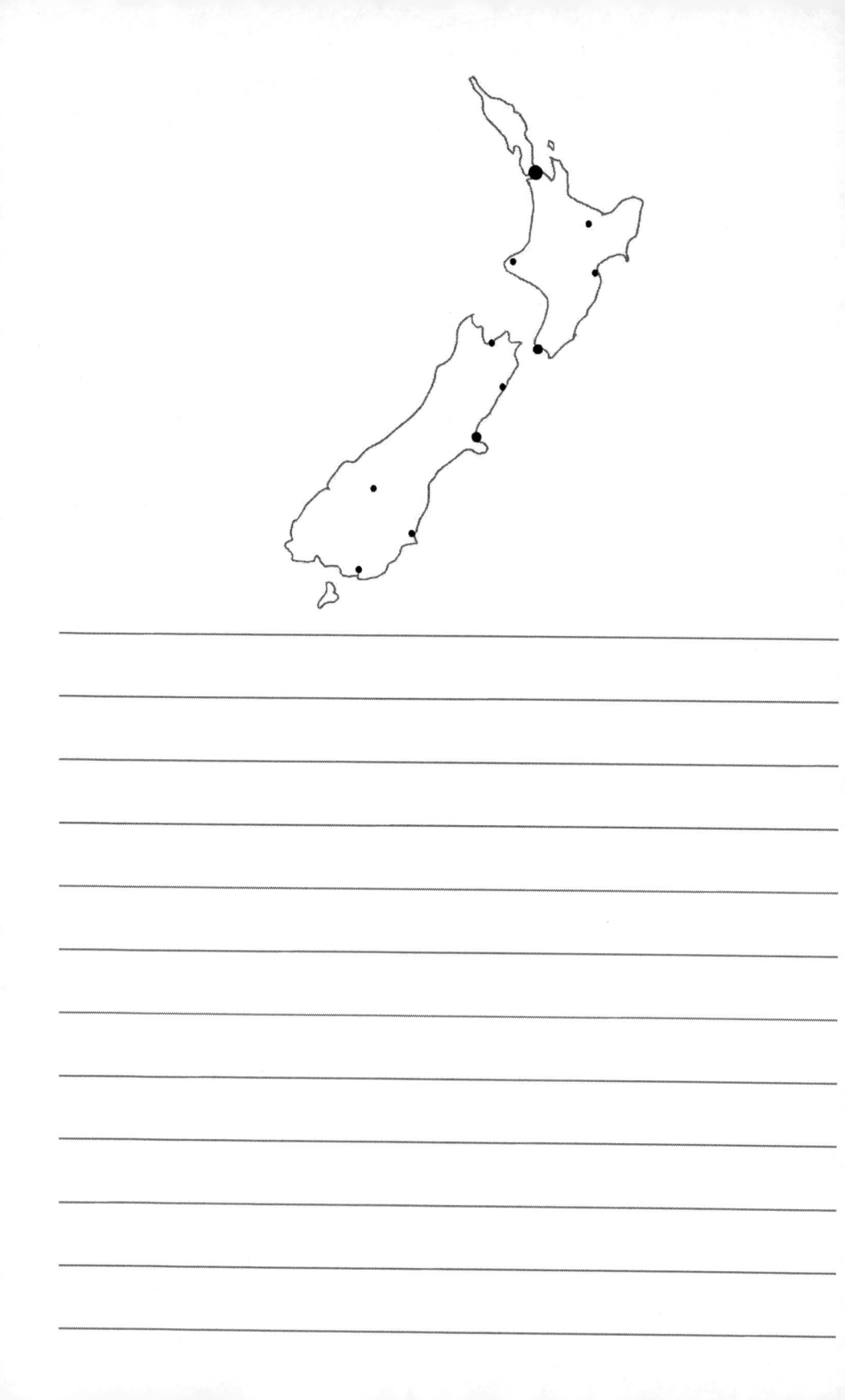

Date _____   DAY # _____

Distance _____   Time on the road _____

Departure point _____

Destination _____

Stops & Activities

_____
_____
_____
_____
_____
_____
_____

Weather _____

Lunch _____
_____

Dinner _____
_____

Accommodation _____
_____

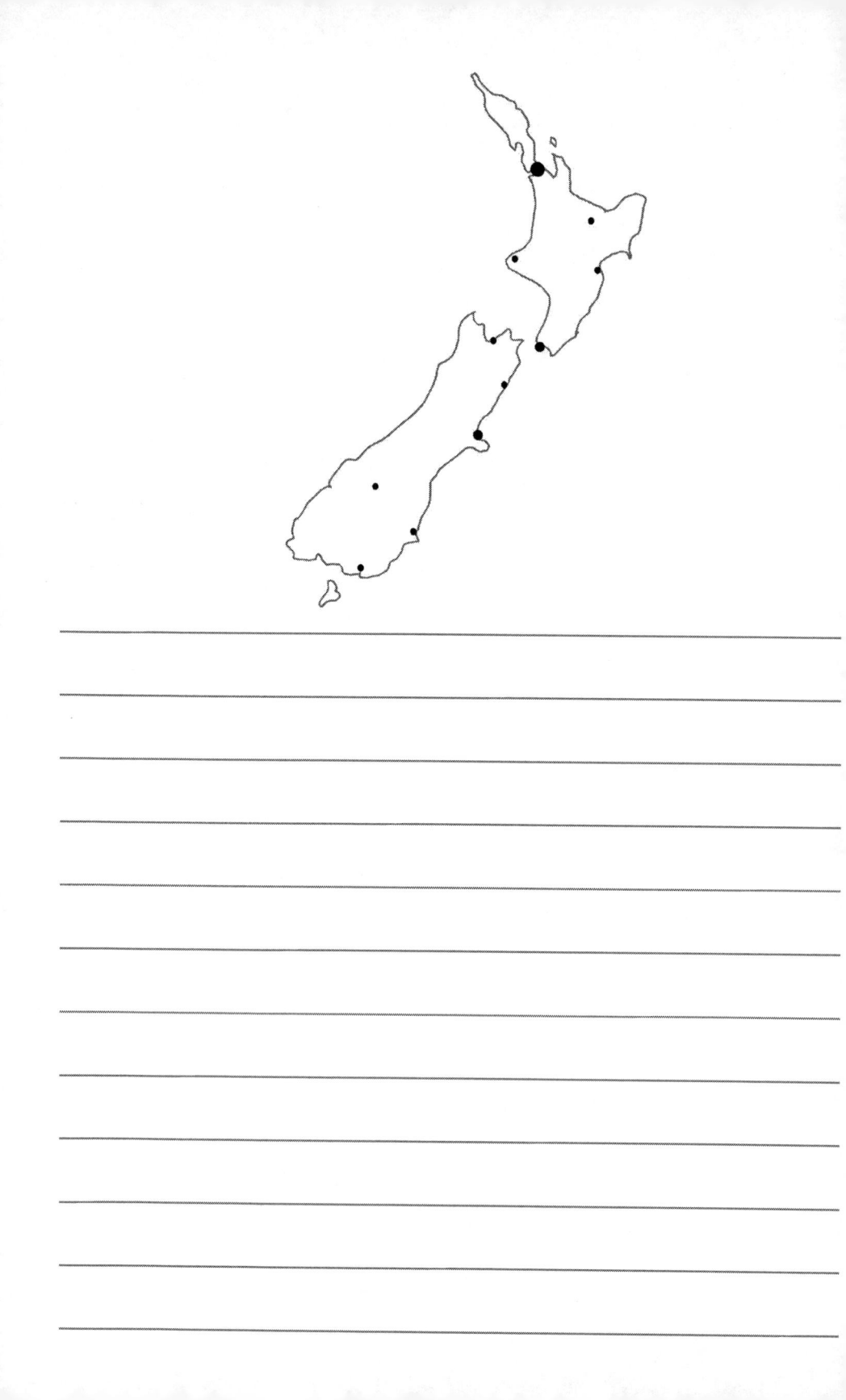

Expenses

Date	Type	Amount
	PAGE TOTAL	

Date	Type	Amount
	Total previous page	
	PAGE TOTAL	

Date	Type	Amount
	Total previous page	
	PAGE TOTAL	

Date	Type	Amount
	Total previous page	
	PAGE TOTAL	

Date	Type	Amount
	Total previous page	
	PAGE TOTAL	

Date	Type	Amount
	Total previous page	
	PAGE TOTAL	

Date	Type	Amount
	Total previous page	
	PAGE TOTAL	

Date	Type	Amount
	Total previous page	
	PAGE TOTAL	

Date	Type	Amount
	Total previous page	
	PAGE TOTAL	

Date	Type	Amount
	Total previous page	
	PAGE TOTAL	

Contacts

People met, when, where, discussions, contact info...

Contacts

People met, when, where, discussions, contact info...

Contacts

People met, when, where, discussions, contact info...

All you need to plan your road trip at:
ZigZagroadtrips.com

Made in the USA
Monee, IL
22 December 2024

74939687R00072